"旅游企业与旅游市场"研究丛书

# 欠发达地区投资带动型旅游发展模式的演化路径与影响

## ——以海南为例

## The Evolution Path and the Impact Mechanism of Large Project Led Tourism Development Mode in Less Developed Regions

### ——A Case Study of Hainan

代姗姗 著

中国财经出版传媒集团

经济科学出版社
Economic Science Press

**图书在版编目（CIP）数据**

欠发达地区投资带动型旅游发展模式的演化路径与影响：
以海南为例/代姗姗著．—北京：经济科学出版社，2018.12
（"旅游企业与旅游市场"研究丛书）
ISBN 978 - 7 - 5141 - 9927 - 7

Ⅰ．①欠…　Ⅱ．①代…　Ⅲ．①不发达地区 - 旅游业
发展 - 研究 - 世界　Ⅳ．①F591

中国版本图书馆 CIP 数据核字（2018）第 256722 号

责任编辑：黄双蓉
责任校对：隗立娜
责任印制：邱　天

**欠发达地区投资带动型旅游发展模式的演化路径与影响**
——以海南为例
代姗姗　著
经济科学出版社出版、发行　新华书店经销
社址：北京市海淀区阜成路甲 28 号　邮编：100142
总编部电话：010 - 88191217　发行部电话：010 - 88191522
网址：www. esp. com. cn
电子邮件：esp@ esp. com. cn
天猫网店：经济科学出版社旗舰店
网址：http：//jjkxcbs. tmall. com
中煤（北京）印务有限公司印装
710 × 1000　16 开　13.5 印张　200000 字
2018 年 12 月第 1 版　2018 年 12 月第 1 次印刷
ISBN 978 - 7 - 5141 - 9927 - 7　定价：45.00 元
**（图书出现印装问题，本社负责调换。电话：010 - 88191510）**
**（版权所有　侵权必究　打击盗版　举报热线：010 - 88191661**
**QQ：2242791300　营销中心电话：010 - 88191537**
**电子邮箱：dbts@ esp. com. cn）**

# 序

20 世纪 60 年代，就有学者发现旅游对欠发达地区的发展具有带动作用，70 年代以后联合国发展署也开始设计一些旅游扶贫项目，2015 年联合国发布的《可持续发展议程》中《改变我们的世界——2030 年可持续发展议程》明确提出，旅游是促进可持续发展的一项重要措施。中国改革开放后，地理学者也率先提出，旅游资源开发是区域发展的重要途径，随后许多省、市、县也出台了促进旅游发展的相关政策，在通过旅游发展促进区域发展方面取得了令人瞩目的成就。大项目带动的发展模式是许多欠发达地区政府的政策重点。

旅游业对欠发达地区的影响也是旅游学者长期关注的话题，研究成果丰富，并取得了一些共识。旅游业对欠发达地区的影响表现出复杂性和综合性；旅游业对欠发达地区的影响不是线性的，而是呈现非线性的特点；旅游影响既有正面的、也有负面的。旅游发展模式，以及旅游目的地的社会文化背景等都会影响到旅游业对欠发达地区的带动，其中结构性的特点尤为重要。

代姗姗博士从理论与实践两个方面，对欠发达地区投资带动型旅游发展模式进行了深入探讨，她对这种发展模型的理论依据进行了细致的梳理：资本短缺是欠发达地区面临的最大限制，大项目有利于要素的累积和乘数效应的产生；有利于高级技术人才、技术和新管理模式的引入，以提高生产效率；有利于带来人流，促进经济的扩散；可以通过大企业与小企业之间的相互带动、旅游业对上游产业的带动，促进产业发展、就业，增加居民收入和本地收益，并最终促进目的地经济的全面发展。

通过对海南省旅游业的研究，代姗姗博士指出，在投资没能带动需求增长之前，其经济带动作用十分有限，也会导致发展不平衡的情况出现，主要表现在三个方面：（1）外向型的发展方式，会导致二元结构的扩大化，旅游地很难摆脱依附发展的局面。（2）投资带动型发展会导致资本和劳动力之间的不平衡，中小企业被限制在一种停滞发展的境地。（3）产业不平衡。旅游业的快速发展最终演变为旅游地产业和酒店业的快速发展，会导致中间投入产业发展的跟不上，加剧对海南岛外的依赖；也会造成酒店人才短缺，服务跟不上等问题。

同时她也指出，政府政策是克服大项目带来负面影响的关键。政府在引入大企业、大项目之后，应该注重本地企业，特别是中小企业的扶持、人力资本的投资以及产业的多样化培育。在度假区产品之外，发展生态旅游、文化旅游等其他旅游产品。

本书也是代姗姗博士论文的成果，研读此书也可以学习到如何完成一篇好的博士论文。首先是选题和学术问题的确定。学术研究中始终面对的一个难题是如何从实践中提炼出一个学术问题。与其他学科不同，旅游学科的发展得益于大量的实践需要，但是实践的问题不一定能够成为好的学术问题；同时，脱离社会实践的学术问题对旅游学科的发展也未必有益；代姗姗博士在博士学习期间，深入地调研了海南旅游岛的发展，多方面地理解海南旅游发展中遇到的难题和困境，并通过大量的阅读，最终将研究问题锁定在探讨投资带动型旅游发展模式的演化路径及影响；通过对演化路径、影响机制和影响评估的探讨，总结出超越海南案例、更为普遍意义的规律，深化现有的学术研究中关于旅游与可持续发展的研究，也能够为其他地区的旅游政策提供理论依据。

本书在研究方法上也有创新。代姗姗博士擅长数学分析，完全可以只通过二手数据，依靠经济模型的计算展开研究，但是她并没有局限于 CGE 模型的方法，而是将一手田野调查与二手数据的经济模型结合起来开展研究。在博士论文期间，到海南岛的多个县市实地调研，全面地了解了海南岛全岛的社会经济和环境发展特点。

本书还是跨尺度研究的一个尝试。研究的主要对象是海南岛全岛，代博士通过二手的数据评估大项目投资对海南岛区域发展的带动，而通过对文昌东郊椰林风景名胜区、三亚田独镇亚龙湾进行案例分析，来进一步说明大项目带动的路径、机制和影响。多种数据和多种方法的相互支持，增强了结论的可信度。

改革开放 40 年来，旅游与区域发展的思路和政策也在不停的变化中，取得了成就，也有一些经验值得总结。代姗姗的研究不仅为我们提供深入理解资本驱动型区域旅游发展提供了一些参考，而且对政府制定区域旅游发展政策有很大的参考价值。有人说，一本书中有一个数学公式就会减少 90% 的读者，但是代博士书中的公式揭示了旅游投资带动效应的机制，值得大家认真研究和体会。

代姗姗博士是我指导的第一个博士，在她读博士期间我对她的博士学习有许多期待，她表现出很强的学习能力，不断地克服困难，提交了一份令我满意的博士论文。我希望这本书也只是代博士研究的一个起点，希望她在之后的研究中有更为丰硕和高质量的学术成果。

徐红罡

2018 年 12 月

# 摘　要

　　在欠发达地区，大规模旅游项目被认为是带动区域经济发展的有效手段。在中国的实践中，大型旅游项目是否能促进欠发达地区经济的持续发展，其影响机制如何？本书通过理论辨析和案例研究对这一问题进行了分析。

　　在理论层面，本研究对国内外与旅游区域经济影响相关的研究进行了综述。欠发达地区，通常资金稀缺、人力资源匮乏，政府可以利用良好的自然资源和优惠措施，吸引大型旅游企业和旅游项目的进入，推动旅游业发展。理论上，这是具有比较优势的区域经济发展策略。大项目对区域经济的正面带动影响机制为：要素的累积和乘数效应的产生；生产效率的提高；经济的扩散；大企业与小企业之间的相互带动；带动旅游业上游产业的发展。

　　在理论层面，大型旅游项目也可能产生负面影响。大型旅游项目可能导致发展不平衡，表现在三个方面：外来企业主导发展导致依附发展的产生；劳动力与资本发展的不平衡；产业间的不平衡。如果目的地不能克服这些问题，发展将陷入低水平均衡，直到下一次大企业或大资本的进入，但它们的再次进入可能让目的地再一次陷入欠发达陷阱。

　　大项目会导致依附发展的产生。其产生的机制为：客源地旅行社对客源的控制；大企业对贸易和资源的控制；目的地对大项目劳动力与技术的依附；目的地所拥有的生产要素主要是基本要素，但与发达地区的高级要素之间存在质的差异；目的地与周边经济之间的二元结构。在欠发达国家中的飞地式旅游发展中，旅游业并不一定是劳动密集性产业，由于资本拥有者和劳动密集型企业所拥有资源禀赋的不同，资本和劳动力之间的不平衡在发展中不断被恶化，中小企业被限制在一种停滞发展的境地。

总体上，旅游业的快速发展，短期通过对旅游业上下游产业的带动，促进区域产出的增长；长期通过对生产要素产生挤出效应，对其他产业产生挤出效应。

在中国的实践中，大型旅游项目如何促进经济持续发展？为了解答这一问题，在文献综述的基础上，本研究采用案例分析，使用定量和定性两种分析方法对中国情景下的大项目带动机制进行了分析。

定量研究，使用可以测算旅游发展净效应的一般均衡模型（CGE 模型），基于海南省 2007 年投入产出表对酒店业迅速发展的影响进行评估；定性研究对具体的案例地——海南省三亚田独镇和文昌市东郊镇东郊椰林风景名胜区进行深入的研究。将定量研究与定性研究相结合，本研究深入探讨了在海南旅游业大项目带动下的区域经济影响及其影响机制。

案例研究的结论如下：大型旅游项目带动的发展模式，在中国的具体实践中呈现出政府主导、供给驱动型的模式。在投资没能带动需求增长之前，其经济带动作用十分有限。超速的发展导致旅游业发展与经济发展、要素发展不均衡；旅游业从劳动密集型向资本密集型转型；旅游业就业贡献减弱。政府政策是克服大项目带来负面影响的关键。政府在引入大企业、大项目之后，应该注重本地企业的培养、人力资本的投资以及产业的多样化。在发展的过程中，应不断地完善政府制度以提高政府的公平性和服务性、提高政策计划实施的效度、提高政府对创新的推动作用等。

# 目 录
## CONTENTS

# 第 1 章

# 绪　　论

本章对本书可能取得的研究贡献进行定位。通过对实践背景和理论背景进行综述，提出具有实践意义和理论意义的研究问题。实践背景综述部分，对目前中国旅游业在经济发展中的地位和旅游发展的基本模式及带来的问题进行了分析。对实践背景的分析有助于找出现实发展中所存在的问题。理论背景综述部分，对国内外旅游与区域发展相关的研究进行了总结与回顾，试图找出目前国内外研究尚待填补的理论空白。在实践背景和研究背景相互叠加的基础上，提出本书所要研究的问题。

## 1.1　实　践　背　景

改革开放以来，我国经济快速发展，旅游需求迅速增加，旅游目的地逐年增多，1999 年，对旅游业的重视被提升到国家层面，使旅游业发展迅速。各地加快颁布旅游发展政策，旅游业在经济发展中的重要性不断提升。近年来，在全球经济疲软、国内扩大内需的背景之下，旅游业上升到经济发展的战略产业[1]。

然而，怎样通过旅游业的发展来带动经济的发展，怎样通过旅游业促进

---

[1]　国务院办公厅. 国务院关于加快发展旅游业的意见 [Z]. 国发〔2009〕41 号 . 2009.

当地的发展仍然是一个有待解决的问题。特别是对于乡镇地区，对于以农业为主要产业的地区，在从一产向三产直接转型的过程中，经济发展单一化，过度依赖单一的产业等问题，都不断被学者们提出。

### 1.1.1　旅游业在经济发展中的重要性逐步上升

研究者在很早的时候就注意到了旅游的经济影响，如早在 17 世纪，重商主义者托马斯·曼（Thomsa Mun）就注意到了旅游业对区域收支平衡的影响（Sharply and Telfer，2002）。1942 年汉泽克尔（Hunziker）和克拉普克（Krapf）就论证了旅游业对区域收入的带动效应。旅游业会带来收入在区域间、区域经济各主体（企业、居民、政府等）间的再分配等。之后，大量的文章从国际和国家层面研究了旅游发展对经济发展的正面带动，如经济效益的增长、旅游相关行业的发展、国际收支平衡、国民收入的增加、就业与税收、旅游的乘数效应等，旅游业被认为有利于减轻区域间的不平衡，以及降低发展中国家与发达国家的差距，是发展从发达地区向非工业地区的扩散（the dispersion of development to non-industrial regions）（Bryden，1973）。

从全球范围来讲，旅游业对经济的贡献是不断上升的。据世界旅游业理事会（The World Tarvel and Tourism Council，WTTC）2010 年对全球旅游发展的监测与预测，全世界旅游业的增加值在过去 20 年（1988 ~ 2008 年）增长了 70%（2000 年价），在之后的 10 年中，将保持相同的增长速度，预计到 2018 年旅游业所创造的 GDP 将达到 5360 亿美元（2000 年价）。

2009 年中国所创造的旅游 GDP 为 4493 亿美元（当年价），位居全球第三，虽然与美国（13569 亿美元）的差距还较大，但与排位第二的日本差距仅为 300 亿美元（WTTC，2010）。WTTC 预计 2010 ~ 2019 年间中国旅游业增长的平均速度将达 9.2%，居世界首位。到 2019 年，中国所创造的旅游 GDP 将达到 15970 亿美元，上升到第二位，超过美国（23580 亿美元）的一半。2009 年中国旅游业创造就业岗位 6084 万个，远高于美国旅游业所创造的 1385 万个。

从 1985 年陕西省出台我国地方政府第一个《关于大力发展旅游业的决

定》之后，各省份先后也出台了《关于大力发展旅游业的决定》，到 2001 年，加快旅游业发展的政策开始上升到国家层面，《国务院关于进一步加快旅游业发展的通知》颁布，至此，全国 31 个省（市、自治区）地方政府除海南省之外加快旅游业发展政策支持的决定全部出台。2009 年，在全球经济疲软的背景之下，旅游业被作为资源消耗低、带动系数大、就业机会多、综合效益好的产业，作为保增长、扩内需、调结构的手段，成为了战略性产业，《国务院关于加快发展旅游业的意见》发布，旅游业对经济发展的重要性进一步提升。从中国的"十二五"规划来看，旅游业的产业地位在不断提升。纵观全球，旅游业在发展中的地位也不断上升，如芬兰和北欧的其他一些国家，甚至在一些地区，旅游发展政策成为了最为重要的经济发展政策。在芬兰，大量的资本被投向旅游行业（Saarinen，2003）。

### 1.1.2  大项目带动战略启动欠发达地区经济

研究者和政府对旅游的重视和关注，首先来源于旅游对欠发达地区的带动作用。沙普利和特尔斐（Sharply and Telfer，2002）认为，在欠发达地区，政府可能更热心于发展旅游业。在较发达地区，由于其他行业或服务业部门具有比旅游业更高的附加值，旅游业可能只是附属产业；但在欠发达地区，旅游业可能相对占据较高的地位，因此在欠发达地区旅游政策出现的频率高于发达地区（Sharply and Telfer，2002）。在中国，旅游对欠发达地区的带动作用也受到关注。旅游业在西部大开发中发挥了重要作用①；在皖南古村落西递的发展中，由于西递不具备发展工业以及农业现代化的条件，西递最终走上了依赖于旅游业发展的道路（张骁鸣和保继刚，2009）。

在各种促进旅游发展的政策中，"大企业进入、大项目带动"的模式受到了广泛的推崇。海南省从 2004 年开始实施这一战略，之后该战略在全国多个城市中推广，如揭阳市、岳阳市、张家界市等。在全球范围内来讲，滨

---

① 于清凡. 旅游业在西部大开发战略中发挥了独特作用. 中国网络电视台国际在线. ［2011 - 04 - 16］［2011 - 08 - 24］. http：//news. cntv. cn/20110416/107532. shtml.

海旅游地大都沿用滨海度假村与休闲度假房产共同发展的模式，就是所谓的"Residential Tourism"模式（Casado – Diaz，1999）。这种飞地型的度假村通常包括高等级酒店、高尔夫、游艇码头、SPA、商店和一些其他的吸引物，高水平的建设环境抬高房价，高房价进一步提升度假村的发展优势。这种模式通过房地产的出售可以快速的回笼资金，补贴度假村的发展，进一步扩大发展的规模，表面上看是非常有利的发展模式。

在中国内地，由政府划出一块土地，通过招商引资的方式建设一个面向国外游客的度假区的模型也在政府层面受到广泛的推崇。如三亚的亚龙湾度假区、大理的大理旅游集团有限责任公司、武夷山的武夷山国家旅游度假区等。

2009年《国务院关于推进海南国际旅游岛建设发展的若干意见》出台，海南省旅游发展进入高星级酒店大量建设和度假区模式的快速推广阶段。一线滨海地区大规模开发，如海棠湾、清水湾、香水湾、石梅湾、土福湾、红糖湾、坎秧湾等；大量的高星级酒店进入，如三亚海棠湾旅游酒店建设项目总投资达95.9亿元，目前已引进的酒店有开维凯宾斯基酒店、理文索菲特酒店、香格里拉大酒店等11家酒店。"大企业进入，大项目带动"的旅游发展模式在海南得到广泛的应用。

### 1.1.3　大项目带动战略的负面影响

在越来越多的地方将旅游作为经济发展助推器的同时，也有学者在不断地质疑通过旅游促进经济发展的理论（Pearce，1992），这种需要大量资金投入、基础设施投入以及飞地式的发展模式，会对目的地的可持续发展带来很多的问题（徐红罡，2004），其负面影响包括：这种模式下，旅游服务部门是外国企业、消费者是外国游客，度假区与周边社会环境是割裂的（徐红罡，2004）；在一定程度上加强了大型企业对目的地的控制；减弱了旅游发展与目的地经济发展之间的联系；不利于本地企业家的培养；伴随着大量的旅游中小企业的进入，在缺乏完善的规章制度管理之下，往往容易陷入混乱发展的局面，在降低旅游吸引力的同时也无法提升其投入回报率等。二元结构的广泛存在，限制了旅游业发展的涓滴效应，削弱了旅游消除贫困和降低收入差距的能力（徐红罡，2004）。

为什么目的地会选用"大企业进入、大项目带动"这样的发展策略，这种策略对目的地区域经济发展带来了哪些影响，还将对区域经济未来的发展产生哪些影响，这些影响所产生的机制是什么，如何促进这种发展模式的正面效应而减弱负面效应，国内外的研究是怎样展开的，还有哪些值得研究的领域？这些都是需要深入探讨的问题。下面将对国内外相关研究进行总结，并基于已有研究提出本书所要研究的问题。

## 1.2 理 论 背 景

### 1.2.1 国外研究背景

国外研究中，旅游的区域经济影响研究已较为成熟。研究认为旅游的发展即会带来正面的影响也会带来依附发展和荷兰病[①]等问题，旅游地应该通过促进中小企业发展、适度的发展、鼓励创新、鼓励社区治理等手段提升旅游的正面效应，抑制负面效应。

全球范围来讲，旅游研究从 20 世纪 60 年代开始繁荣，一直以来，旅游与发展之间的关系都受到人们的关注，大量的相关著作出版，这些著作分别在不同的年代、针对不同的区域对旅游与发展之间的关系进行了分析。相对而言，旅游与发展的研究更多的是针对欠发达地区而展开，这与发展经济学的研究对象相似。

---

① 荷兰病指一国特别是指中小国家经济的某一初级产品部门异常繁荣而导致其他部门衰落的现象。20 世纪 60 年代，已是制成品出口主要国家的荷兰发现大量天然气，荷兰政府大力发展天然气业，出口剧增，国际收支出现顺差，经济显现繁荣景象。可是，蓬勃发展的天然气业却严重打击了荷兰的农业和其他工业部门，削弱了出口行业的国际竞争力，到 20 世纪 70 年代，荷兰遭受到通货膨胀上升、制成品出口下降、收入增长率降低、失业率增加的困扰，这种资源产业在"繁荣"时期价格膨胀是以牺牲其他行业为代价的现象，国际上称之为"荷兰病"。

贾法利（Jafari，1990）将旅游研究分为了四个层面（Platform）：拥护的层面（advocacy）、警戒的层面（cationary）、调整的层面（adaptancy）及知识的层面（knowledge base）。旅游发展研究与此相类似，夏普利等（Sharply et al.，2002）基于此，在 2002 年提出了旅游发展研究的四个层面。这四个研究层面的出现有一定的时间先后顺序，每一个阶段的出现是对前一阶段研究的响应，目前它们作为四股潮流并存，不是相互取缔的关系。

在拥护的阶段，当时经济发展的主流理论为线性增长理论、结论变革理论等，在主流经济学的影响下，研究者强调旅游对经济的重要性，尤其对外汇、就业和分权的贡献。

在警戒的阶段，依附理论和新古典主义理论开始盛行，研究者开始关注于旅游所带来的负面的影响，如荷兰病、依附发展等。

在调整的阶段，研究者认为可以找到一种能够替代现有旅游模式的新型旅游（可替代旅游或可持续旅游），在旅游促进发展的同时，减轻旅游带来的冲击，是对前两个针锋相对的研究阶段的一种协调与整合。

但是，在调整阶段所提出的旅游模式，忽略了很多基本的因素（fundamental truth），特别是各种影响旅游发展范围、形式与速度的外生变量，也忽略了作为旅游产品消费者的游客的行为对旅游发展的影响。因此，也唤起了对更广义的可持续旅游发展的研究，研究应包括更多的知识与对旅游发展的影响的认识，因此，研究进入了知识阶段。

本书将调整阶段和知识阶段合称为全景与微观阶段，这一阶段的研究所强调的是全面的、系统的研究，基于对旅游正负效应的分析，从微观上来分析通过旅游推动区域发展的方法，如技术创新、社区发展与治理、企业家精神、权利均等化等，促进旅游的正面效应的同时抑制旅游的负面效应。

旅游发展研究大致经历了三个阶段：拥护阶段—警示阶段—全景与微观阶段。这三个阶段的特征如图 1.1 所示。拥护阶段以经济发展为导向，通过要素投入式旅游发展促进经济增长；警示阶段的研究认为这种旅游发展模式会带来依附发展和荷兰病，导致区域长期的依附发展或不发展。在全景与微观阶段以人的发展对导向，通过技术变革或权利均等化，强调当地居民从旅游发展中获益，以及区域的可持续发展。警示阶段的研究基于拥护阶段的研究，全景与微观阶段的研究以前两个阶段的研究为基础。

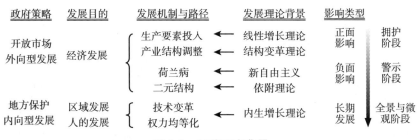

图 1.1 国外研究背景

### 1.2.1.1 拥护阶段

拥护阶段始于 20 世纪 60 年代，发展的主要目的是经济的增长，发展被看做是一种经济现象，旅游业被作为将经济的农业部门转变为现代部门的主要手段。旅游为经济的发展提供了机遇与资源。这一时期的代表人物为伦德格伦（Lundgren，1986）。在这些理论的支撑之下，研究者广泛地认同（advocacy）旅游对区域发展的贡献性（Sharply and Telfer，2002）。基于该发展理论，政府应该支持开放的市场，鼓励要素的流动，采取外向型的发展战略。在这一阶段，度假区的发展模型开始兴起，并在全世界的范围内得到推广。

该阶段研究的理论依据就是当时经济学研究中盛行的线性增长理论和结构变革理论，旅游发展被认为主要是基于生产要素的投入与产业结构的调整。

古典主义发展理论（对应于线性阶段发展理论）（20 世纪 50～60 年代初期）认为：经济发展的过程就是稀缺资源的有效配置与优化配置的过程①（自由市场），旅游资本投入 = 经济发展，向旅游业转型 = 生产效率提高。

结构变革的发展理论认为，保持迅速增长必须经历结构变化，发展就是

---

① 当时发展的定义包括：（1）一个原本或多或少处于停滞状态的国民经济，具有能够支持每年 5%～7% 或更高的国民生产总值增长率的能力。（2）衡量一个国家的经济是否比人口的增长率更快时，用到的是人均收入增长率或人均国民生产总值增长率。（3）也可以用生产或就业结构的变化：一产向二产和三产的转移来表示。

利用经济机制将国内经济结构从仅能维持生存的传统农业，转变成现代化、城市化、多样化的制造业和服务业的过程。刘易斯（Lewis，1954）创立了经济发展的二元结构模型，把发展中国家的经济结构概括为现代部门与传统部门，经济发展的过程就是劳动力从农业部门向现代部门转移的过程。

在研究方法上，定性和定量并重。定性分析的文章主要的理论为增长极理论、经济的涓滴效应等，认为旅游的发展首先会带动旅游区的发展，在旅游区发展的带动下，会启动整个社会的经济发展，主要的研究者包括沃特金斯（Watkins，1963）、彼得斯（Peters，1969）、韦佛尔和和奥普曼（Weaver and Oppermann，2000）、戈尔姆森（Gormsen，1981）等。

定量研究大多基于投入产出（IO）理论、旅游卫星账户（TSA），或者是计量经济学相关的模型。由于模型的局限性，如 IO 模型、TSA 模型均认为投入的增长或是需求的增长会带来产出的增长，投入与产出之间呈线性相关的关系（线性增长理论）。因此，基于这些模型，旅游业投入或是游客人数与目的地的发展均呈正相关关系。

### 1.2.1.2 警示阶段

在警示阶段，更多的研究开始关注区域的发展。研究者发现，线性的增长并不是一定存在的，旅游对经济的这种促进作用更多地存在于发达国家，而对于发展中国家来讲，这种正面的促进较弱（Lee and Chang，2008）。自由市场的发展模式会带来依附发展，同时对旅游业的促进也可能导致荷兰病的产生。在依附发展和荷兰病的理论下，旅游发展对目的地产生的负面影响大于正面影响。

依附发展的研究以布里顿（Britton）的一系列研究为代表（Britton，1980；1980；1982；1982；1996）。旅游业被看做是殖民主义、经济依附发展的一种表现形式（Hoivik and Heiberg，1980）。依附论的出现，主要是由于当时经济学中依附发展理论开始占主流地位。依附主义发展理论（20世纪50~60年代）包括新殖民主义依附理论、虚假范例模型和二元发展理论，该理论认为旅游是一种新殖民主义，旅游强化了二元结构。

基于依附理论，大量的学者认为，旅游业的发展只是加重了大都市地区对欠发达地区的一种从属的关系（Leheny，1995）。旅游业依附发展最为典型的就是飞地型的发展模式（Hoivik and Heiberg，1980），旅游业不仅恶化了地区间，也恶化了地区内部的社会经济发展不平衡的状况，旅游业的发展仅仅是强化了飞地主义的发展模式。因此，旅游业的发展，与其说是激励了当地经济的自我促进的增长，不如说旅游业的发展仅仅是大都市地区对欠发达地区控制的另一种手段，而最终使得欠发达地区失去自己自足的能力。这种依靠大众旅游所带来的发展结构和传统的殖民主义的种植园模式是类似的。特别是当这种发展模型还得到当权者的推崇而广泛应用的情况下，经济发展的多元性进一步降低，依附程度不断加大（Wilkinson，1997）。

旅游业的快速发展可能会导致荷兰病的产生。荷兰病的研究主要基于一般均衡理论。根据一般均衡理论，旅游业投入或者旅游需求的上升不仅会促进旅游业的发展，还可能会影响到其他产业，进而使得旅游对目的地发展的影响是正还是负难以估量，这就是荷兰病的特征。

荷兰病在旅游业中受到了很多的关注（Copeland，1991；Chao and Hazari et al.，2006；Nowak and Sahli，2007；Li and Tsui，2009）。虽然旅游业不同于一般的出口产业（Copeland，1991），但是大量的研究利用一般均衡理论以及相关模型对旅游发展带来的荷兰病进行了验证。科普兰（Copeland，1991）对旅游荷兰病的情况进行了理论的深入探讨，从理论上论证了旅游发展会抑制工业的发展，这种影响大于旅游业所带来的社会总收益。旅游的发展会导致其他要素回报率的降低。因此，即使在没有发生旅游外部性的情况下，旅游业的发展可能也是不受欢迎的。科普兰的文章被广泛引用，可以算作这一阶段的代表性和标志性著作。

### 1.2.1.3　全景和微观阶段

第三阶段的研究依然是基于前两阶段研究的积累：先评估旅游发展带来的影响，找到旅游发展对区域发展的影响机制，进而分析用于减弱负面效应、增强正面效应的可行政策。全景，即表明这一阶段的研究是基于对旅游影响全面的分析与探讨之上，是在对旅游发展所带来的正负效应均能有一个应景的把握的前提下所进行的研究。微观，指在全景的基础上，通过对细节的分析，找到消除旅游业负面影响的方法。

经历了前两阶段的发展之后，旅游的发展既会带来正面的促进作用也会带来负面的效应，这一结论被广泛的认可。研究开始集中于探讨怎样降低旅游发展的负面效应。

从发展的目的来讲，旅游发展也正从最初的经济增长向"人的发展"转变。学者们（Brinkman，1995）开始关注人的发展，关注于发展中"人"的需求[①]。人的发展（居民收入的能动性，capacity to function）成为了发展的核心内容。这也就是旅游研究的第三阶段，开始关注基于智力的技术的改进，关注社区，关注权利的均等化等。发展机制从开始的要素投入，产业转型向技术变革转变。主要的研究包括：提倡适度旅游发展的替代性旅游、技术创新与中小企业发展、基于区域发展的社区参与和治理（Brohman，1996）等。

但是全景和微观阶段的研究也并没能对旅游业所带来的负面影响给出具有普适性的解决方法。直到目前为止，也没有一种发展模式一定可以带来区域的可持续发展。全景和微观阶段的研究也有很多的局限性。

可持续旅游发展被看做是一种具有适应性的范例，或是一系列的原理的集合（meta-principle），但是直到目前，其概念的模糊性，使得在这种指导下的发展在一些地方事与愿违，或者仅仅只是为了政策的冠冕堂皇。

可替代旅游发展也带来了一系列的问题，史密斯（Smith）和埃丁顿（Eadington）[②]的编著对相关问题进行了全面的分析。如过于强调以小尺度发展的旅游发展的优势，扩大了小尺度发展与传统的大尺度的大众旅游二元结构之间的差异（McKercher，1993）。强调目的地指导，小尺度发展，选取适当的发展项目，在很多地方被证明是非常合适的，在某些特定的发展目标下也是非常成功的。但是忽略了很多基本因素（fundamental truth）带来的一些"反发展"的特征（Smith and Eadington，1992）：（1）相对较少的人可

---

① 1991年世界发展报告指出，发展应表示生活质量的提高：收入的提高，更好的教育，更高水平的健康与营养，贫困的减少，更为清洁的环境，更加平等的机会，更为广泛的个人自由和更为丰富多彩的文化生活。Todaro则提出了人类发展的三个基本组成部分或核心价值：基本生活需求的满足、自尊和自由。

② Smith V, Eadington W. Tourism Alternatives：Potentials and Problems in the Development of Tourism [M]. Philadelphia：University of Pennsylvania Press，1992.

以从中获益。可持续旅游一方面降低了而不是优化了当地人的收入,同时也限制了游客参与的数量。因此,怎样让更多的人参与进来,并且从中受益,同时也满足越来越多的游客的需求是一个问题。(2)商业发展的机会十分有限。很多当地人由于缺乏专业知识、资金和技术的支持,而很难获得拓展业务的机会(Sharply and Telfer, 2002)。

虽然 2000 年之后关于创新的研究开始增加,但是,从创新的过程来看,创新是怎样发生的,还有些什么样的创新,创新的动机是什么,依然有着很多的未知(Hjalager, 2010)。技术的改进离不开各方面的支撑,首先,经济基础依然是技术更新的根源,而更为广泛的社区参与与治理是技术向当地扩散的关键。基于产业链的企业间合作是旅游业中知识转移的重要媒介。企业通过购买"嵌入的知识",可以避免很多信息搜寻成本和避免危机。技术内生的前提,依然是技术的模仿和学习。

### 1.2.1.4 国外研究总结

旅游发展既会带来正面的影响,也会带来负面的影响。外来投资依然是欠发达地区启动旅游业发展的基础,这些地区只有先从旅游业中获得资本投入、技术投入,才能促进进一步的发展。因此,不可避免地带来了依附发展的情况的出现。

虽然大量的研究通过旅游飞地的形式论证了依附理论的观点,但有很多的事实证明大众旅游对一些地区的发展做出了很大的贡献。如果没有外来资本、技术与人力资源的引进,没有市场的支持,旅游地很难走出最初发展的困境,连进入发展期都十分困难,更别说后期的社区参与,以及小企业的大量发展和技术内生。超速的与无规划的发展,带来了很多的问题,但不可否认的是,如果不然,技术、资本、生产要素也不会积累到向技术推动型产业转型的阶段。

国际上的研究在向更全景和微观的方向发展,主要是希望通过各种宏观和微观的手段对旅游发展所带来的正负效应进行全面评估,尽量抑制旅游发展的负面影响,促进正面效应。但是目前仍然处于不断探索的阶段。发展思路领域迄今出现的任何主导模式,都不能说是成功的发展蓝图(联合国经济事务部，2011）。发展要取得成功，没有简单的"处方"。在旅游地的具体发展中，情况会更加复杂（Saayman and Saayman，2010）。

在研究尺度上，国际上的研究多数关注于国家之间的依附关系，但对国家内部、在区域尺度上旅游与发展关系的研究较少。从政治结构来讲，国际上大多数国家为资本主义国家，国际上的研究多数为基于自由市场的研究，对于国家计划经济之下的旅游经济影响研究相对较少。

在中国的背景下，旅游发展会带来哪些正面的和负面的影响，怎样针对这些影响来制定策略，以促进区域的可持续发展？这将是一个非常有意义的话题。

## 1.2.2　国内研究背景

国内关于旅游区域经济影响的研究较少，没有明显的阶段性，主要研究集中于拥护层面，有少量基于微观视角的研究，但警示层面和全景层面的研究均较为缺乏。而多数微观的研究只是"拿来主义"或者"就事论事"，并不是针对旅游负面影响的对策研究。

20世纪80年代后期大众旅游开始普及，旅游研究发展迅速。尽管研究者（魏小安，2005）认为中国经济奇迹与旅游发展、旅游在新时期的地位、作用之变化应该是中国旅游研究的前沿领域，但从中国旅游研究的发展现状来看，旅游经济研究所占比例并不大。改革开放40多年来，研究旅游区域经济与产业的相关文章共722篇，仅占旅游研究文献（16791）4.3%（冯凌和石培华，2011）。旅游研究多数为就旅游论旅游，例如，怎样促进旅游业发展，与经济发展是怎样推动旅游业发展的。旅游经济研究现状远落后于旅游业发展现状。

虽然在发展过程中，旅游业已经成为欠发达地区发展经济的首选产业之一，旅游对区域经济发展的贡献性在实践中被一再强调，但在旅游研究中，关于旅游对区域发展具体的带动效应研究较少。1991年之前，关于旅游经济影响的研究仅有3篇，仅有一篇关于旅游产业关联的研究；1992~2001年，相关研究10篇；2001~2010年，39篇（保继刚等，2010）。保继刚等

（2010）认为："早期的旅游经济研究文献，大量的引进和借鉴了国外的有关成果，往往直接'拿来'的较多，对于这些结果赖以成立的前提以及所必备的社会经济背景、研究假设、限定条件的考虑和研究均不充分……1992～2001年间的研究也以描述性居多。由于此前长期缺乏对基本概念和基础理论的研究，也无法进行理论演绎和方法说明，旅游的学术发展受到了严重影响。"

与国外旅游发展研究的阶段相对应，中国旅游发展的研究到现在还没有出现严格意义上的阶段性。旅游研究在开始发展之初就受到国际研究中全景和微观的影响。从中国的研究来讲，主要对应于国际研究的拥护阶段和微观阶段。相关研究主要偏向于利用定量模型对现有的宏观经济数据进行分析，定量模型复杂程度不断上升（张骁鸣和保继刚，2004），然而基于实地调研的定性分析还较为缺乏。

1. 拥护研究

由于旅游研究学科建设的发展更多地依托于旅游业行业的发展，因此，大部分属于是拥护型。早在 20 世纪 90 年代，保继刚和蔡辉（1995）对南昆山旅游发展的经济影响进行了分析，认为旅游业的发展对产业结构调整、生态环境保护起到了关键作用。

我国旅游业从整体而言，还处于旅游发展的初期阶段，旅游发展的研究还集中于怎样发挥旅游业得正面效应，如怎样更好地进行度假区开发，怎样进行旅游开放和旅游规划，等等。在旅游这块"蛋糕"还没有做起来的情况下，较少有研究分析旅游的负面效应。

大量的研究是利用宏观数据所进行的定量分析。大多数宏观的研究偏向于拥护旅游对发展的促进作用，但也无可否认地出现这样的结果：旅游业对经济发展的拉动作用低于社会各行业平均水平，特别是相对工业而言，旅游业只是缺乏工业发展条件之后的无奈选择（李江帆、李冠霖、江波，2001；左冰，2002；张华初和李永杰，2007；王燕和王哲，2008；崔峰和包娟，2010）。对于旅游业的发展究竟该怎样更好地促进经济发展还是一个非常值得深入研究的话题。

2. 微观研究

微观的研究在近几年开始兴起，然而部分是直接引进和借鉴了国外的有关成果，更多的是以借鉴国外研究成果所形成的国内研究为参照，缺乏基于中国本地的实证研究和理论基础。

中国的研究一直以国际上的研究与理论为借鉴，受到国际旅游研究的影响，旅游与创新的研究在近几年旅游研究中受到了广泛重视，在中国学术期刊网络出版总库搜索"主题旅游 + 主题创新"，检索到文章 5963 篇。但是大量的论文实际上只是仅仅局限于旅游业中出现了什么样的创新，创新的决定因素与驱动力的研究还相对较少，有少数基于需求推动和技术推动的研究。搜索"主题旅游 + 主题企业家精神"，仅有文章 10 篇，且都不是相关研究。相对而言，对旅游产业集群的研究较多，但多数是就集群来分析集群，以创新系统的培育为主要研究目的的产业集群研究较少。

社区参与在近年来也受到了旅游研究者的广泛关注，在中国学术期刊网络出版总库中检索"主题旅游 + 主题社区参与"，返回结果 738 条。主要的研究为社区参与的实证研究或者是出现的问题，如二元结构的问题，基于通过社区参与促进区域长期发展的研究还较少。这主要是由于中国社区、企业、政府等各参与方之间力量对比相对悬殊，而西方通过社区参与来促进区域发展的实践是基于各参与方的力量对比相对均衡的前提之下。在中国目前的大背景下，单纯地希望通过社区参与来促进区域的发展可能性不大。目前中国的社区参与的研究注重的仅仅是单纯的经济利益诉求（保继刚和孙九霞，2006）。

国内的旅游发展研究还没有进入全景阶段。缺乏基于全景的、旅游发展所带来影响的全面评估之下、通过微观研究来获取促进旅游区域带动的研究。

保继刚和蔡辉（1995）就提出："国内目前进行的研究，大部分是依据统计资料进行分析，但由于旅游统计不健全，旅游开发对区域的影响范围很广，仅依靠旅游部门的统计难以作全面总量分析。国际上通常采用问卷调查和访谈调查方法对旅游影响进行研究，国内应该逐步按照国际研究规范进行研究。"

但直到目前为止微观的旅游影响研究还相对较少。"大量的引进和借鉴了国外的有关成果，往往直接'拿来'的较多，对于这些结果赖以成立的前提以及所必备的社会经济背景、研究假设、限定条件的考虑和研究均不充分"（保继刚等，2010）。国内的"全景与微观"的研究，可能可以称为"微观"的研究（还有大量的研究主要就是一些过于空泛的理论，还不能称为微观），但不能称为"全景"的研究。

3. 警示研究

在警示研究方面，相关研究还相对薄弱，少量的实证研究认为，旅游业的发展加大了旅游业的二元结构，而对于旅游业可能带来的荷兰病现象基本没有生动的案例可以支持。

徐红罡（2004）从理论上对旅游发展中的二元结构进行了深入分析，之后，他的一系列文章（徐红罡，2004；徐红罡和保继刚，2003；徐红罡，2006a，2006b；2009）基于发展理论，分别从资源、文化、环境、客源、企业运营等大的方面分析了旅游业中的二元结构、系统的发展模式以及发展的影响因素等，并给出了有效的政策指导。但目前国内对旅游与发展之间二元结构进行细化的系统研究还较少。

为数较少的研究在案例研究的基础之上，结合相关理论对旅游二元结构进行了分析。这类文章分析深入，理论精辟，虽然并不是以二元结构为主体，但是为旅游二元结构的研究提供了生动的案例与理论借鉴。如保继刚和孙九霞（2006；2006a；2006b）从社会意义、经济利益、权利关系等方面探讨了社区、企业、政府之间的二元结构，及其对旅游发展的影响。孙九霞、保继刚（2006a）基于广西阳朔的世外桃源景区案例的研究，认为景区和社区空间上是隔离的，但随着旅游发展的推进，景区和社区的利益关系越来越密切。孙九霞和保继刚（2006b）认为社区与景区的关系从最开始的缺失，呈现出不断凸显的趋势。与国外相比，中国旅游地社区与景区或旅游企业之间二元的结构更加凸显（保继刚和孙九霞，2006）。

# 1.3 研究问题

在中国的背景之下，尽管旅游业的发展受到广泛重视，但是中国旅游地的发展对区域发展带来了怎样的正面和负面影响？对于中国的欠发达地区来说，旅游业是否为一剂发展良药，旅游地怎样才可能获得长期的可持续发展？这些问题依然是一些很有意思的、有待解答的问题。为了找出答案，本书将问题细化为如下几个方面：

（1）目的地选用了怎样的发展政策，为什么目的地会选择该发展策略？

现实中，中国大量的欠发达地区选择了"大企业进入、大项目带动"的发展策略；在国外的研究中，旅游业作为促进经济结构转型、经济增长的重要手段，政府应该支持开放的市场，鼓励要素的流动，采取外向型的发展战略。中国这种"大企业进入、大项目带动"的发展战略是在什么样的背景下形成的？

（2）旅游政策的推动之下，旅游业呈现出怎样的发展状况，对区域发展带来了哪些影响？

现实中，"大企业进入、大项目带动"的发展战略直接表现为高星级酒店建设和度假区开发的模式，直接来讲，也就是一种投资带动型的发展策略，这种模式一方面促进了经济总量的增长，另一方面也带来了依附发展的问题。在国外的研究中，对这种发展模式的评论也是好坏参半，一方面，认为促进资本的流动是促进经济转型的有效手段，另一方面，也认为这种发展的方式会导致依附发展和荷兰病的产生。在中国，在全景的视角下，这种发展模式带来哪些影响，是否可以促进经济的发展，是否也会带来依附发展和荷兰病的问题？

（3）旅游区域经济影响所产生的机制是什么？

投资带动型的发展策略是如何促进经济总量增长的，其传导机制是什么；如果产生了依附发展和荷兰病的问题，那么产生这种问题的传导机制是什么；国外的研究中，这种问题产生的传导机制是什么；中国的情况和国外的情况有何差异？

（4）怎样的政策支撑才能保证目的地的可持续发展？

国际上，旅游的发展既会带来正面的促进作用也会带来负面的效应，这一结论被广泛的认可。研究的主要的研究路径为：先评估旅游发展带来的影响，找到旅游发展对区域发展的影响机制，进而分析用于减弱负面效应、增强正面效应的可行政策。这一研究路径也是促进经济可持续发展的有效路径。在中国，存在什么样的政策可以减弱旅游业发展所带来的负面效应、增强正面效应？本研究试图在对旅游发展影响和影响机制进行全面评估之后，找出促进经济可持续发展的有效政策。

本研究需要检验的前提假设为：通过政策促进旅游业发展——有效推动区域经济发展。试图通过对旅游业区域经济影响和影响机制的探讨找到促进目的地可持续发展的对策。研究思路如图1.2所示。

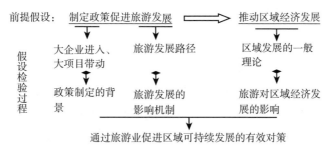

**图1.2 本书研究思路**

旅游发展的问题对中国来讲，更多的是区域发展的问题（入境旅游在旅游业所占的份额相对较小），因此本书的研究尺度以区域为单位。一方面利用定量模型对旅游发展所带来的宏观经济影响进行研究，另一方面，辅以定性的研究方法，对具体的个案进行分析，对旅游的正负面效应进行解读，并希望找出产生这些正负面影响的深层次原因，试图对中国大的背景下旅游业发展中存在的问题提出可行的政策方案。

就学术意义而言，本书不再是对国际理论直接的引用与借鉴，而是对国际上旅游发展理论赖以成立的前提以及所必备的社会经济背景、研究假设、限定条件等进行深入的分析与研究之后，再以中国的具体案例为分析单位，理论与实践相结合，对中国旅游发展研究进行的思辨性探讨。

# 第 2 章

# 文 献 综 述

本章基于第 1 章中所提出来的四个研究问题进行文献综述。综述按照旅游发展的逻辑顺序展开，首先对欠发达地区旅游发展选用大项目带动型发展战略的背景进行分析；然后，分析大项目带动型发展战略所带来的正面影响和负面影响，并对影响机制进行详细讨论；旅游业的迅速发展也会对其他产业产生影响，即荷兰病的产生，因此将对旅游业带来荷兰病的影响机理进行分析；在对相关旅游业发展正负面影响评估的文献进行综述之后，将对可能的可持续发展对策进行了探讨与总结。

## 2.1 大项目带动型旅游发展战略成因

本部分将分别从理论背景、社会经济背景和大企业的特征三个方面分析欠发达地区采用大项目带动型发展战略的原因。

### 2.1.1 大项目带动型旅游发展战略的理论背景

欠发达地区采用外向型发展战略的理论基础包括两个层面：一是外向型发展战略，二是"大推进"理论。

### 2.1.1.1　外向型发展战略

大项目带动型发展战略的理论基础为外向型发展战略，外向型发展战略最主要的观点就是开放市场与扩大资本，强调人力资源、观念、技术的流动。该战略鼓励自由贸易，鼓励资本、工人、企业、学生、跨国公司的自由流动，并鼓励开放的交流体制的形成（Streeten，1973）。主张通过自由贸易吸引来自发达国家和地区的投资，认为贸易和国外企业的引入有利于消除由于保护而带来的价格扭曲，同时由于可以获得生产所需的稀缺资源和世界范围的商品市场和消费市场，促进了生产和发展具有比较优势的经济部门，能够充分利用规模经济的好处，从而提高经济效率，促进经济增长。

引入大项目是经济增长的一个重要刺激因素，是欠发达地区获得生产所需的稀缺资源和世界范围的商品市场的有效途径，有利于高级技术和管理人才的引入，是促进经济快速发展的条件之一。从全球范围来讲，国际自由贸易（自由的资本流动，不受限制的非技术剩余劳动力的国际迁移）是 19 世纪和 20 世纪推动当今发达国家发展的"增长发动机"。

旅游的发展必须要吸引游客的进入，从购买者的性质而言就是一种出口产业，对旅游发展的提倡，本身就是一种外向型的发展战略。从旅游业的特性来讲，旅游的发展就是由人的流动所带动。人的流动促进了旅游业的产生和萌芽。游客的进入，提高了对本地产品的需求，并带来了大量的资本流入，在希尔和伦德格伦（Hills and Lundgren，1977）所构建的欠发达地区客源流向图中，旅游就是游客从中心向边缘流动的过程，游客由客源地的大型企业向目的地的大型企业输送。

对于区域而言，旅游业大项目的进入促进了资本的积累，促进了产业的发展，促进了就业，对于欠发达地区而言，旅游业大项目的进入为当地带来了可能促进经济启动的原始资本，有利于提高区域整体的社会经济环境，促进经济的整体发展（Sinclair，1998）。

### 2.1.1.2　"大推进"理论

大项目的引入也就意味着大规模资本的进入。通过大规模资本投入来促进欠发达地区发展的策略，源自于"大推进"理论。在欠发展地区发展的过程中，一直存在所谓"低均衡陷阱"①（Todaro，2006；hayami，2005）的问题，也就是发展的瓶颈，当经济发展到一定阶段之后便会停滞。有的研究者认为这种停滞的出现是由于人口的高增长率和不够高的储蓄率（资本积累），经济的增长带来人口增长率的增速高于储蓄率，因此阻碍了经济的进一步发展（Myint，1965），但是这种情况在很多国家通过计划生育政策来解决。更为复杂的原因是"协调失灵"（Emran and Forhad，2002；Todaro，2006），如：使用专业技术的公司和拥有这种技术的工人，如果工人不拥有企业所需要的技术，企业就不会进入市场或在某些地区开设工厂，但是如果没有企业雇佣他们，工人也不会学习相关的技术。这就是协调失灵，在这种情况下，如果没有一个"大的推进"（the big push）（Rosenstein – Rodan，1943），经济便会陷入不发展的状态，而"大的推进"往往需要政府的帮助。

一般而言，经济的增长源于投入的增长，如劳动和资本的投入，以及技术的改进。阿尔文·扬（Alwyn Young，1995）对中国香港、新加坡、韩国和中国台湾1966～1990年的经济大增长进行了分析，发现它们的增长主要是靠投入的增加，而非生产率的提高来推动的。根据马克思通过资本积累促进经济发展的理论，政府的大推动往往与促进资本的积累相联系，"通过将资本集中在现代工业部门而实现快速的发展"（Hayamia and Godo，2009）。

## 2.1.2 大项目带动型旅游发展战略的社会经济背景

旅游政策中的发展目标、发展手段和利益相关者，都受目的地的发展现状所影响（Kucerov and Makovnik，2009）。欠发达地区的物质禀赋匮乏、自然资源相对丰富，以及旅游业的进入性，在旅游发展过程中，通常会通过对外来大企业的引入来获取最初发展的启动基金与技术。

欠发达地区物质匮乏。物质资源包括资金资源与人力资源。从资金来

---

① 也称欠发达陷阱 underdevelopment trap，或叫做"临界的最小努力"模型，根据其解决对策，也被称为"大推进理论"等。

讲，大多自然资源丰富的地区，地处偏远，经济落后。从人力资本来讲，欠发达地区人口增长快、密度大、规模大。欠发达地区通常接受教育较少，信息闭塞，缺乏经验，技能较差，无法获取发达国家用于产生经济价值的观念（保尔．罗默），以至于缺乏具有独创性的管理和技术才能，难以以最低成本获取市场和产品的信息。主观来讲，在销售、分配、存货控制、交易处理、工人动员等方面的知识储备方面与发达地区有着显著的差距。最初，对土地的需求压力与有限的经济机会同时存在，推动了无技术的农村劳动力流向城市，而现在的人口流动，是欠发达地区中受过高等教育与有技术的人流向发达地区，造成欠发达地区人才流失，进一步制约了经济的发展。

欠发达地区自然资源丰富。可以发展旅游业的地区必须具有有着比较优势的自然资源。从传统的对外贸易理论赫克歇尔－俄林理论也叫比较优势理论来看，发达地区相比欠发达地区而言，可以利用相同的资本投入生产出较多的产品，而欠发达地区在旅游业发展上拥有较高的比例资源优势。因此，拥有相对较高质量自然资源的地区，应该发展旅游业，用他们的自然资源去交换工业发展所需要的资本与物品（exchange island beaches for industrial goods）（Smeral，1994）。剩余输出理论（Myint，1958）也认为旅游业的发展可以使得偏僻的农村向世界开放市场，创造机会来使本土一些尚未利用的自然资源得到开发，用来生产外部需求很高的产品而开始拥有市场价值。当旅游地的自然资源被开发时，就成为了新的收入来源，从而促进经济的发展。

旅游业的进入门槛较高。旅游业是多种产业联合的一种泛称，包括向游客提供观光、住宿、餐饮、娱乐、购物等的服务行业，同时也是关联建筑、制造、种植、养殖等产业的综合性产业。旅游业同其他相关产业形成了一条产业链，产业间彼此影响，相互制约。在发展的过程中，单单对一个行业的投资并不能带动整个行业的发展。从行业的直接投资来看，最初的启动资金包括用于资源的开发、经营、管理、维护及相关住宿、餐饮、娱乐、购物、交通等方面的投资。交通使得地区具有良好的可进入性；住宿可以延长滞留的时间；餐饮可以满足最基本的游客需求。而这三者的建设并不是朝夕间可以完成的，需要大量人力物力的投入，以及时间成本的消耗，由于涉及不同的相关行业，不仅仅需要对单个行业进行管理，还需要对相关行业不断的协调与整合发展。在这样的环境之下，决策者最容易想到的就是对外来资本的引入。从发展的战略来讲，也就是以全球化、国际化和经济一体化为代表的外向型发展政策。

### 2.1.3  基于大企业特征的大项目带动型旅游发展战略

威廉斯（Williams，1998）认为在旅游全球化水平越来越高的情况下，大型跨国企业不断涌现，新投资会大量的涌向新型目的地。外来投资是欠发达地区启动旅游业发展的基础，必须先有外来投资建设饭店和度假区，然后才能逐步发展本地化的旅游产业，外来投资带动的旅游业发展能培育出新的本地旅游企业和推动基础设施的开发，推动旅游业进一步发展。

之所以要引入大的项目，主要是基于大企业的一些相关特征。其特征主要包括经营目的、发展机制、资本投入与积累、劳动力投入与积累、技术与创新、资源投入、合法性等。

大企业一般以利润的最大化为发展目标。从发展的机制来讲，大企业一般会制定长期的发展规划，制定提升区域整体环境的发展战略、强调规范化的信息沟通以及标准化的管理体系，提倡在发展中使用高技能或专业的管理方式、企业发展更依赖于企业经营状况。从资本的投入来讲，大企业通常是资本密集型企业、资本规模大、资本来源渠道丰富、容易从银行等金融机构获得贷款、投资与经营受资金的制约较少（徐红罡，2004）、资本积累迅速。从劳动力的投入来讲，大企业就业人数和工资决定于劳动力市场，工作细分程度高，创造就业的成本较高，低技能员工能得到一定的培训，但大部分中高层的管理人员和正式员工来自外地，本地人员升职机会较少。从技术与创新来讲，大企业技术成熟并且专业化程度较高（Oppermann，1993），较多的采用先进的技术，同时有一定的创新能力和意愿。从资源的投入来讲，大企业会占用大量的资源，依赖资源的进口，如奢华酒店一般需要大量的资金、水、能源、食品、建材等的投入，但其发展需要进行环境评估，通常会严格按照规范对企业环境进行检测和控制。从合法性来讲，大企业需要法律认可、在工商部门注册并按程序缴税，需要对基础设施大量的投入，因此，政府通常也接受并认为大型外资公司的引入是发展的唯一途径。

## 2.2 大项目带动型旅游发展战略与区域发展

基于大项目带动型发展战略的理论基础、社会经济背景以及大企业的特征，大项目的引入，可以为旅游地的发展带来以下几个方面的正面影响：要素的积累与乘数效应；生产率的提高；经济的扩散；大企业与小企业的相互带动；产业间的带动。然而，这些正面影响大多存在于理论层面，在实际的发展中，除了要素的积累与乘数效应外，其他方面鲜有被观测到。

### 2.2.1 要素的积累与乘数效应

大企业资本雄厚，其进驻本身就是对区域资本的一种积累。大企业带来资本的积累—人的集聚—集群的活力—整个产业的发展。韦佛尔和奥普曼（Weaver and Oppermann，2000）按照增长极理论提出的旅游发展路径与这样的发展方式类似。按照增长极理论，政府应该首先挑选一个处于城市边缘的地区来发展旅游业，鼓励与促进这一地区的发展，用一些基础设施、制度上的利好政策吸引公共和私人资金的进入，从而引导这个由外部推动的发展变成自我发展，越来越多的游客、员工以及其他人员进入，进而形成了人的集聚，带来了集群的活力，促进其他产业的发展。政府干预逐渐减少，旅游发展带来的影响开始向其他的地区扩散。

大企业带来资本的积累—其他产业发展—整个产业的发展。伦德格伦和霍尔（Lundgren and Hall，1995）对这种有外资进入所带来的涓滴效应进行了深入的描述。由于在开发初期，目的地的本地供给非常有限，因此，度假区的发展主要依赖于外来物质的进口；一段时间之后，旅游企业的数量不断增加，空间分布范围也更广，会有更多的旅游利润留在本地经济中，当地对于旅游业的供给开始增加，度假区对外来物质进口的需求通过本土物质所替代，依赖程度降低；到了成熟阶段，目的地呈现出完整的旅游业产业链，本地供给规模形成。也就是旅游业通过乘数效应实现对当地经济的带动、增强企业间关系链，促进产业链的形成，以及提高生产效率。

## 2.2.2　生产效率的提高

大企业的进入带来的新的技术与管理模式，意味着更快的知识更新和创新，有利于大力提高要素的质量①和全要素生产率。同时，通过劳动力的流动，提高劳动丰裕国家的相对工资，促进和奖励各个国家具有比较优势的经济部门，还能够充分利用规模经济的好处（Todaro，2006）。

米哈利克（Mihalic，2002）利用投资—产出率对投资在旅游发展中的重要性进行了评述，按照旅游业投资—产出率和全社会平均投资—产出率之间的大小关系，旅游业的发展可以被分为三个阶段。

第一个阶段与巴特勒生命周期模型中所描述的探索性发展期相类似，旅游业的发展处于自发发展的阶段，这一时期旅游业的投资—产出率远远低于全社会平均水平，基本上没有实质的资本投资进入旅游业，旅游业的边际资本—产出率基本为零。

随着游客和旅游业发展机会的增加，旅游业发展进入第二个阶段，随之而来的是促进旅游业投资的政策不断增加，大量的政府资本开始投入旅游业基础设施建设，同时，私人投资开始进入酒店业等旅游相关行业。但是从旅游业的行业特性来讲，旅游业投入和产出之间存在一个时期的滞后，第二阶段大量的投入并不会立即带来产出的上升。在这一时期，旅游业的投资—产出率会大大高于全社会的资本产出率，即单位的产出所需要的投资大大增加，因此，会降低全社会的经济发展速率。但这一阶段旅游业的收入也在不断上升，旅游业乘数效应不断提升，旅游业的发展带动了旅游直接相关产业和间接相关产业的发展。

---

① 迈克尔·波特在国家竞争优势中提出了后新古典流派国际贸易模型，认为基本要素与高级要素之间存在质量型的差异，如拥有特殊技能、接受过出色训练的工人及知识性资源（如政府和私人的研究机构、主要大学和主流的行业协会等），这些要素与基本要素之间存在本质的区别。

当旅游业的投资—产出率降低到全社会平均水平时，旅游业进入第三个阶段。这一阶段的产生，主要是由于资本投入的效用开始逐步显现，旅游产品的质量和吸引力逐步提升，旅游消费不断增加，旅游业发展对资本投入的需求也不断降低。但是在大多数欠发达地区，目的地的发展主要是依靠游客数量的增长，而在发达地区，这种发展可能更多的来源于游客花费的不断增加。

根据米哈利克的旅游发展模型，为了克服第二阶段所带来的问题，大量的招商引资是旅游业进入第三阶段的关键。基于这一理论，世界银行和其他的一些国际组织，曾对大量的欠发达地区提供了用于旅游发展的资本援助（Pearce，1989；Bull，1995）。

### 2.2.3 经济的扩散

大项目的进入，不仅促进了本区域经济的发展，也有利于涓滴效应的产生，促进经济发展向其他地区扩散。"原材料理论"（Watkins，1963）认为，原材料的出口有利于创造就业和外汇收入机会，从而增加人口，促进消费，同时与原材料出口相关的加工和运输活动也会增加，从而诱导国内经济的发展。斯密斯（Smith，1991）给出了旅游业促进经济发展的扩散模型：早期度假区的形成有利于吸引外来劳动力，促进饭店业以外的企业的增加；增加的游客人数，进一步促进旅游业的发展，进而促进内陆商业区的形成，传统的生活模式逐渐退化，通过政府总体规划和企业的不断推动，度假区变成城市度假区，出现明显的娱乐区和商业区，游客开始多元化，管理权归属上一级政府。但在此过程中，要以环境的牺牲为代价。考恩（Cowan，1987）对墨西哥滨海地区的旅游发展各个阶段的特征和影响进行了分析，认为大众游客的出现促进了区域规划和投资，之后，被联邦政府作为大尺度的旅游发展目的地来发展。大尺度的旅游发展带来的高速的人口增长和土地系统的改变、更为复杂的阶级结构，产业向服务产业转型，之后带来了城市化。在小规模型耕作的农村地区，低廉的土地价格促进旅游的发展，而随着土地性质的变化，收入从旅游业转移到农业，会极大地刺激当地农业的发展。卡克尔和沃尔（Cukier and Wall，1994）以及皮特（Peters，1969）认为，旅游业的天性就是将工业中心的生产分配到还没有发展的地方。

## 2.2.4 大企业与小企业之间的相互带动

通常来讲，旅游行业被认为是一个劳动密集型行业，且对劳动力的技能要求较低，而旅游业进入门槛较低，只需要较低的启动资本和技能，因而在旅游业发展的过程中小旅游企业呈现出一种蓬勃发展的态势。因此，旅游发展通常被作为一种促进就业的有效手段。旅游业对就业的贡献，是到目前对旅游业影响评估中较为客观的一种评价。在技术进步的影响下，传统的农业与工业所需要的雇员日益减少，服务业对就业的创造在一定程度上缓解了这种就业的压力。在那些没有其他产业发展潜力的地方，旅游业的发展还是为地区的发展提供了很多就业的机会。

旅游小企业的广泛存在，使旅游业被认为是增加居民收入的一种途径，有利于人口由乡村向城镇转移，由欠发达地区向发达地区转移。戴维斯（Davies，1979：88）认为两个部门是一种共生的关系（interdependence），一方面，小型的非正规企业依赖于大型的正规企业所提供的工资，在一定程度上也依赖于大企业对非正规企业的需求；另一方面，正规企业也需要依赖于非正规企业所提供的低成本劳动力、物品与服务。旅游大企业对旅游小企业的带动将大大提高旅游对目的地的贡献性。

在奥普曼（Oppermann，1993）的模型中（如图 2.1 所示），旅游非正规（informal）企业一直是旅游业发展的主力。非正规企业在旅游发展中，所占用的土地更多，正规企业与非正规企业之间在很大的程度上是共生的关系。在旅游地发展的初期，旅游企业基本为本地的非正规小企业所构成，但发展到一定程度之后，旅游大企业进入，带动了旅游的规模化发展，旅游业开始壮大，旅游正规企业开始在一部分成熟的目的地占据主导地位。但对大多数旅游目的地而言，非正规企业依然是旅游业的主导企业。这种友好的发展环境让当地人觉得发展是安全的。

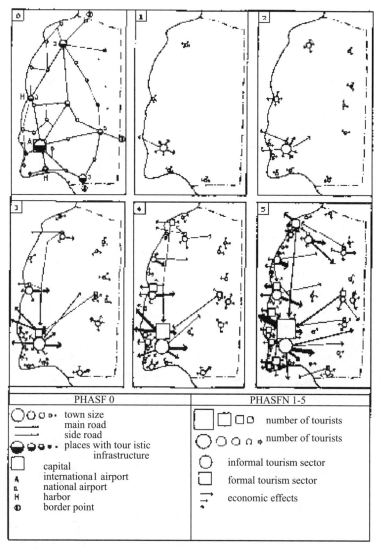

图 2.1　基于二元结构的发展中国家的旅游地空间结构演变

## 2.2.5　对旅游业上游产业的带动

旅游对上游产业带动方面的主要的研究者是伦德格伦（Lundgren）1973年（Hills and Lundgren，1977）。伦德格伦对加勒比海岸不同类型的酒店发展过程中旅游企业家的特征进行了分析，并基于酒店业与食品供给业之间的供应链建立了一个企业家发展的三阶段模型（如图2.2所示）。

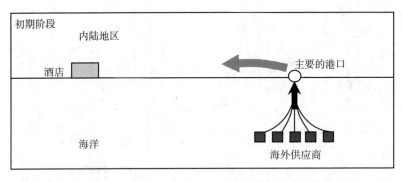

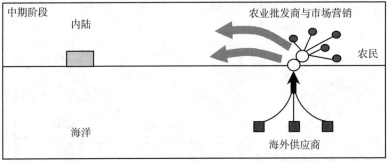

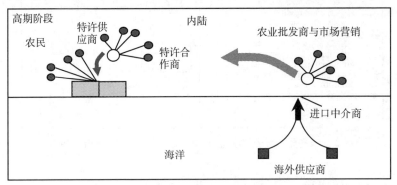

图2.2　旅游业带动效应发展历程

从图2.2可以看出，在第一阶段中，加勒比海岸的酒店大多是外来的大型跨国连锁酒店（large metropolitan complexes），这些企业与海外供应商是紧密联系在一起的，主要的食品供给依赖于海外供应商的进口，与本地供应商之间基本没有联系。原因在于：一方面，本地农业基本不能满足高速增长的需求，大量的研究表明，在旅游业快速发展阶段，游客所消费的物质依赖于大量的进口，进口比例可能达到 2/3（巴巴多斯岛的案例，Gooding，1971，Cazes，1972）；另一方面，由于这些酒店是外资企业，有权利不使用本地的物品。

在第二阶段，伦德格伦在牙买加的案例中发现，一些本地的农产品生产企业开始壮大，成为酒店业的食品供应商。在这一阶段，酒店的食品供给大多还是来自于附近地区。面向外来酒店的农产品批发商出现，面向酒店的农产品市场营销系统产生。莫森（Momsen，1986）对加勒比海地区的研究中发现，游客消费的食物在 1971 年的进口比例为 70%，但到 1983 年下降为 58%。

在第三阶段，面向酒店的销售系统不再局限于农产品，市场营销技能、农业生产技术、农产品销售管理组织能力等不断提高，这些技术与能力的提高大大促进了农业的发展，进而降低了旅游业对于进口的依赖。

## 2.3　大项目带动型旅游发展战略与依附发展

然而对这种发展模式的研究更多的是基于批判的视角，旅游对经济的促进作用更多地存在于发达国家，对发展中国家来讲，正面的促进较弱（Lee and Chang，2008）。研究者发现，线性的增长并不是一定存在的，自由市场的发展模式会带来二元结构，导致依附的发展。

外向型的发展方式主要强调的就是自由市场，自由市场在一定程度上将一个地区暴露在全球化的市场之下，而当这个地区并不具备在全球化的竞争中获利的条件时，大多数情况下，发展会依赖于对外资的引进，而这种被跨国公司所控制的旅游，往往会陷于一种依附发展①的境地。这也通常被认为

---

① 依附发展理论认为，全球化的风险之一，是可能强化国家内部和国家之间的不平等问题。在依附发展的过程中，发达国家的国际统治地位将被扩大和强化，贫困地区可能回被锁定于依附发展的模式，在缺乏一致的公共行动的情况下，贫困地区可能会继续陷入难以摆脱的贫困陷阱，欠发达地区的二元色彩可能进一步恶化，或者一些贫困国家可能会因为全球化而完全被边缘化。

是旅游发展所带来的负面影响之一。

旅游业是新型的产业，成规模的发展只有几十年的历史，但由于旅游业自身的特点以及缺少有效的对策，二元结构一开始就成为旅游产业的一个特征（Davis，1978；Harris and Nelson，1993）。与其他行业相比，旅游业大企业与小企业间二元结构特征更为明显。二元结构经常被忽略（Todaro，2006），但这些二元结构是广泛存在的，因此从单一层面的研究不利于评估旅游发展对整个区域系统所带来的影响（Wall，1982）。旅游二元结构，在一定程度上决定着旅游地的发展与未来。在二元结构的视角下，依附发展理论被广泛应用。

依附发展理论认为发展是指根除贫困、提供较多样化的就业机会、降低收入不平等，而不仅仅是国民生产总值的增长。而二元结构在各个层次上存在，并且沿着相互对立的发展方向持续增长，优势对劣势的帮助很少或没有，两者的二元结构还可能呈不断上升的趋势（Todaro，2006）。

## 2.3.1　大项目带动型旅游发展战略带来依附发展

发展中国家在参与国际化竞争的过程中，政府往往会出现向大型的跨国公司提供税率和其他激励政策倾向，以便吸引外资和大型跨国公司并进入全球价值链。但这些优惠政策可能并不是多国公司决定生产地点的主要因素，导致政府损失大量税收、资源收入等，最后反而陷入依附的境地。

在旅游业中，这种外向型的发展方式也受到了很多学者的批评。布里顿（Britton，1982）提出了旅游业依附发展的模式，认为旅游所带来的发展并不是依靠创新，而仅仅是依赖于游客的需求，在布里顿（1996）的模型中（如图2.3所示），旅游目的地中处于最顶层的就是外来的大型跨国公司，它控制着整个产业。外围旅游社将游客直接输送到旅游地的大型跨国公司，游客带来的资本主要被大型跨国公司获取，大部分的资金通过目的地的大公司流向客源地的旅行社，只有少量的资本流向旅游地的旅游小企业，流向旅游大企业的资金又通过各种形式流失到旅游地外部成为旅游漏损。旅游大企业与旅游小企业之间没有联系，或很少有联系。在某种程度上说，如果经济中的任何部门，只要是国外所有并经营的，那么国内生产总值（GDP）将大大高于国民总收入（GNI），旅游业对目的地的贡献十分有限。

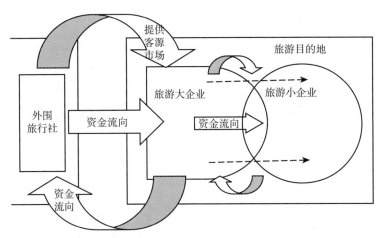

**图 2.3　旅游企业资金流向与客源流向**

在这个过程中：（1）客源是被控制的；（2）贸易是被控制的；（3）土地与旅游资源是被控制的；（4）劳动力与技术处于依附发展的局面；（5）目的地的生产要素多数为基本要素，基本要素对高级要素产生依附；（6）依附发展下目的地与周边社区是隔离的。在各种控制之下，旅游地会由于路径依赖，而固化在依附发展的境地。

### 2.3.1.1　客源地旅行社对客源的控制

从旅游业的行业属性来看，由于旅游业中多数消费者来自区域外，从消费者属性来看，旅游业就是一种外向型产业，不得不面临全球化的影响，在客源被外围旅行社所控制的环境下，旅游发展处于客源依附，旅游业显得更加脆弱。

莫森（Momsen，2004）根据加勒比旅游组织（Caribbean Tourism Organization）的数据对加勒比沿岸国家地区旅游依附程度进行了归纳，认为由于旅游区域严重地依赖于单一的客源地，巴哈马（82%）、开曼群岛（80%）、美属维尔京群岛（78%）、波多黎各（78%）、坎昆（78%）、百慕大（77%）、特克斯和凯科斯（74%）、牙买加（71%）等国家接待的游客中超过70%是来自美国，瓜德罗普岛（87%）、苏里南岛（86%）、马提尼克岛（84%）的游客超过80%的游客来自欧洲，客源的依附导致旅游的发展呈现出依附发展（Post-colonial）的局面。

　　一方面，在这种开发形式之下的旅游业，其现金流可能会一开始就完全掌握在客源地的企业手中，如在团队旅行中，游客的费用在一开始就已经完全交给组团社，而由于组团社和零团费的广泛存在，目的地可能只能够获得很少的一部分收入，或者更多的只是一纸空文，一堆没有法律凭证的债据。因此，这可能导致旅游业还没有对目的地产生经济带动的效益时，就已经从目的地漏损了出去，旅游对目的地带来的经济影响被弱化（Dai and Xu et al.，2011）。

　　另一方面，在大众旅游的时代，游客被市场旅行社所控制，而市场控制型的企业为自己的进一步扩张创造环境。在许多发展中国家，90%以上的广告是由在当地市场进行销售的外国公司出资制作的（Todaro，2006）。目的地要想摆脱客源地的控制仍然较为困难。因此，从需求弹性来讲，旅游产品和初级产品①并无大的差异。

　　同时，旅游业其服务对象大多来自于较发达国家和地区，从需求方面来讲，产业的发展一方面依赖于发达国家和地区平均资本收入的持续增加，另一方面也依赖于发达国家和地区游客的喜好和偏向，而游客的喜好和偏向也受旅行社控制。在游客住宿需求的导向下，目的地可能加大酒店等基础设施的构建，而奢华酒店一般需要大量的资金、水、能源、食品、建材等的投入，需求更国际化的管理手段和硬件设备，而这些投入往往超过当地的供给水平（Malecki，1997）。进一步，目的地的发展主要是为了迎合游客的需求，旅游发展被广泛地认为是一种后福特主义（Post-fordism）（Lash and Urry，1987）的发展形式。旅游业态和需求被不断标准化，旅游作为贸易产业，旅游需求可能并不在目的地可以掌控的范围内，因而常常导致目的地受

---

　　① 一般来讲，初级产品需求的价格弹性相对较低，因此需求曲线和供给曲线的任何移动都会导致价格的大幅度波动，进而导致出口收入的不稳定性。发展旅游业是防止这种贸易条件恶化的较好选择。

到跨国公司的控制（Malecki，1997）。

不断改变的旅游者消费方式，也使得旅游目的地在发展中处于被动的状态。吕里（lury，1996）认为，由于三个方面的转变，旅游者的消费方式被重塑。这三个方面的转变是：产品的更有弹性的细化、住宿设施的选择更为广阔及由于时尚转变的加速和市场的进一步细分，旅游地的生命周期缩短；因此出现了更多具有个性的或者是混合型的消费形式。消费者的需求偏好越来越不稳定，消费也更加具有流动性，目的地的脆弱性不断被强化。由于城市旅游、文化旅游、主题公园、遗产旅游、体育运动旅游等新兴旅游业的发展，旅游业从贫困地区向发达地区转移的可能性增大（Sharply and Telfer，2002）。

### 2.3.1.2　贸易被控制

外围旅行社不仅控制客源，也通过与旅游地的大型旅游企业合作，控制游客在目的地的活动范围。在贸易被控制的情况下，旅游业对当地的带动很少或基本没有。

布里顿（1982）认为，旅游业贸易虽然一般可能被视为富裕地区与欠发达地区之间的贸易，但实际上，这类贸易却可能是发达地区在客源地的旅行社和发达地区在目的地所建立的大公司之间所进行的贸易，只不过它们是在欠发达地区经营而已。在市场在被控制的情况下，旅游地讨价还价的能力大大减弱。旅游收入大量流入外来企业，并通过各种形式流出旅游地，旅游乘数效应大打折扣。

霍尔（1998）指出这种模式的旅游发展所带来的空间发展特征仅仅是之前殖民主义空间经济类型的一种延伸。如大型的旅游度假区通常建于海滨地区，被外来具有较强势力的资本所控制，这是一种明显的飞地型经济。这种飞地型经济尽管可能产生大量的出口收入，但是由于跨国部门倾向于从外国进口奢侈品而消耗大量的资源租金（lewis，1989）（中间产品的漏损），对于经济的其他部门的带动微乎其微。在牙买加，旅游业对农产品的进口直接导致了本地农业的衰退（Brown，1974）。拉提美尔（Latimer，1985）对塞舌尔的研究发现，由于本地农产品市场营销系统的缺失，外来的酒店管理者无法获取本地生产的芒果。研究在一定程度上支撑了如下观点：外来酒店的管理者对于食品的购买主要是根据消费者的需求，而对本地生产的产品并不感兴趣。

### 2.3.1.3 资源被控制

在欠发达地区，土地资源和用于旅游开发的自然资源通常被外国人或外来经营权的度假区所控制。而资本控制权的丧失意味着目的地政府对旅游发展控制权的丧失。

土地的被控制。在欠发达国家的飞地型经济中，如那些有着大部分外来经营权的度假区，外国人（外来企业）对于土地使用权支付极低的租金，或者在最开始的时候以极低的价格将土地圈走（Sharply and Telfer，2002）。

旅游资源的被控制。在旅游发展的过程中，很多自然资源是没有定价即免费的，任何人都可以享受这样的环境，旅游企业也很明白他们的收入中有一部分是靠对这些资源的无偿使用所获得的。然而，在大多数的情况下，这种通过自然文化资源所获得的收益大多流入了外来的企业，而转移出了旅游目的地（Sharply and Telfer，2002）。这种对自然资源的控制，可能会使旅游业变成一个被垄断的行业，这种资源的开发可能与其他资源的殖民主义式开发没有差别，如矿产资源等。

### 2.3.1.4 劳动力与技术的依附

跨国公司中的重要职位总是被来自发达地区的人员所占据，或该行业由外来精英所控制（Mowforth，2008）。外来企业总是倾向于引进他们自己的外国资本和熟练工人，却以极低的生存工资雇佣本地非熟练工人。本地员工只能长期被限定在较低层次的工作岗位上，外来企业通过垄断，对劳动力进行剥削，将劳动力的价格控制在较低的水平之上，以降低成本。通过公司对外来员工劳动收入的支付，资本向目的地外漏损。虽然有些旅游的岗位，由于其工作性质，会有很多的私下收入，如导游，这会使得其收入高于其他职业。但是这些岗位所要求的技能水平和个人素质会相对较高，在很多欠发达地区，当地居民无法达到这些岗位所需求的水平。

迈因特（Myint，1958）认为殖民主义政府和外国企业为了确保便宜劳动力的来源，会勾结在一起压制本地工人教育和技能的形成，劳动力技术水平被限定在低水平范围内发展。

即使外来企业没有刻意压制本地劳动力素质的提高，旅游业的特性也使得就业二元结构大量存在。由于旅游的季节性、波动性与脆弱性，旅游业所提供的工作更多的是临时的、低工资水平的、低技能的，有时候可能更多雇用一些兼职的学生或退休工人，对于缓解就业压力来讲，其效用有限（Sharply and Telfer，2002）。

在很多地区，旅游工作者的形象都是负面的，服务性的工作是一种低贱的工作，得不到人们的尊重，在很多的时候，低贱性还伴随着较长的工作时间，并得不到保障的福利与工期。在这样的情况下，当地人可能会因为面子或其他原因，不愿意从事这种工作，因此，更多的工作岗位被外来人员所占有。

此外，由于发达国家拥有较强的创新能力，欠发达国家只能通过模仿国外开发出来的产品来跟上国际贸易的产品周期。在旅游业中，不断强调的转型升级以及国际化，更多地是强调对国外技术与管理能力的引进，而不是突出本土的创意与技术增长。技术和创新的依附使欠发达国家只能一直处于弱势的位置。

### 2.3.1.5 基本要素对高级要素的依附

自由贸易所带来的要素积累仅仅限于基本要素的积累。波特（2002）在他的著作《国家竞争优势》中提出了后古典理论，认为发达地区（多数为高级生产要素①）和欠发达地区（多数为基本生产要素）的生产要素之间存在质量性的差异。在这种情况下，依托自然资源、廉价劳动力、区位要素和其他基本要素优势所带来的发展，只会造成出口能力的脆弱和转瞬即逝。加上外汇汇率的脆弱和要素成本的不稳定，许多这样的产业无法增长，因为先

---

① 即更为专业化的、包括拥有特殊技能训练有素的工人以及知识型资源，如政府和私人的研究机构、重要大学和起主导作用的行业协会等。

进国家的资源密集度在下降，需求变得更为复杂。

资源禀赋的初始状态导致贸易不平等的强化和恶化。资源禀赋包括人力资本、企业家才能、专业分工、生产工艺等。

富裕国家，在资本、企业家才能、熟练劳动力以及密集使用这些能源的生产工艺不断进行专业分工，为它们未来的增长创造出必要的条件和经济刺激。发达国家更有条件通过先进的科学技术来保持更具有竞争力的地位。

贫困国家，由于专业分工，其大量的非熟练劳动力被密集地使用于非熟练的劳动力产品的生产中（世界需求前景和贸易条件不利的产品），被禁锢在一种停滞的境地，使自己的比较优势一直局限于非熟练的生产力不高的活动方面。抑制资本、企业家精神、技术性能的增长。

自由贸易只是加剧了不平等的交换关系。快速增长的发达地区对于缓慢增长的欠发达地区产生了积累的比较优势，同时由于制成品与初级产品之间需求收入弹性的差异和资本的流动性（如资本与熟练人力资源从欠发达地区流向发达地区），欠发达地区贸易悲剧理论被强化。

### 2.3.1.6　依附发展下目的地与周边经济隔离

依附的发展导致目的地与周边社区之间二元结构的加剧。那些由外来资本所控制的飞地型度假区（Butler，1993），由于其与当地社区的联系十分有限，因此，仅仅是加剧了当地的社会经济文化的不平等地位（Weaver，1988）。这些情况进一步加剧了旅游业的漏损和其他负面影响，如社区冲突等。

而这种结构也进一步阻碍了经济涓滴效应的产生，阻碍了经济利益向当地社区的小家庭流动，加大了滨海地区与内陆地区的差异（Hills and Lundgren，1977；Lundgren，1986）。虽然在伦德格伦（1986）的模型中，旅游的发展最终可以带来周边社区的发展，但是在发展中国家，很少有地区可以到达第三阶段（Shaw and Williams，2002）。另外，研究者认为，旅游业的"扩散效应"[①] 与 "回波效应"[②] 是并存的。旅游的发展本身就会加大旅游地

---

① 扩散效应也称涓滴效应，是某一地区的经济发展后，会逐渐形成一个经济中心，由此促进该地区及周围地区的经济发展。

② 回波效应也称极化效应，是指某些地区的经济发展会引起另一些地区的经济衰落。

与周边非旅游地之间的差距。

### 2.3.1.7 依附发展下小企业消失论

根据依附发展理论，旅游大企业与小企业之间更多地是相互排斥的关系。在发达地区，旅游业可能多数与促进区域发展相关联，而在欠发达地区，基于对经济发展的迫切需求，旅游更多地仅仅是与经济增长相关联。在外向型的发展模式下，由于政府政策向正规企业的倾斜，旅游非正规企业资料获取受到限制，他们在旅游发展中对就业贡献的能力经常被低估（Cukier，1996）。旅游非正规企业在发展中处于弱势的地位，正规企业的发展远远超过了非正规企业（ILO，1972）。

二元结构差异化的程度呈扩大化的趋势，强的一方的发展抑制了弱的一方的发展（Todaro，2006）。这导致早期旅游研究中，小企业"消失论"和"非法论"的存在。位于底层的旅游小企业被认为是一种边缘企业或是非正式的经济体，是依赖于跨国旅游企业而生存的企业（Britton，1996），旅游小企业多被描述为"违法的""非产业化的""传统的"等（Ever，1991）。

达勒斯（Dahles）等研究者以印度尼西亚为对象进行案例分析之后，认为旅游小企业只能在旅游目的地发展初期繁荣一时，而随着旅游目的地的逐渐成熟以及大企业的进入，旅游小企业将被迅速吞并进而消失（Dahles，2002；Dahles and Bras，1999）。在达勒斯的案例中：（1）政府并不将小企业作为促进经济发展的力量，反而认为小企业的大量存在对经济的发展存在阻碍作用，对于小企业的包容力不断降低；（2）政府倾向于将非正规的小企业全部正规化（formalisation），在这一过程中，由于营业执照和营业许可证的管制等，非正规企业的进入门槛不断抬高，因而，他们就业吸收能力不断下降；（3）在印度尼西亚的第6个五年计划中，将提高非正规小企业的生产效率和收入水平作为发展目标，这将进一步降低非正规小企业的就业吸引能力。因此，非正规小企业在印度尼西亚的地位不断改变，他们面临着不升级就瓦解的状况。

### 2.3.2　依附发展带来的负面效应总结

在依附发展的理论下，外来企业对本地产业的带动主要是促进了自我发展，旅游业对区域发展的正面影响被如下的负面影响所抑制，主要的影响机制如图 2.4 所示。

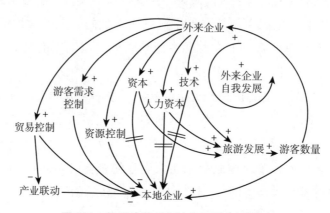

图 2.4　依附旅游对经济发展的负面影响

负反馈 1：外来企业占主导地位—资本向本地企业的转移是有限的—资本漏损。

负反馈 2：外来企业占主导地位—熟练劳动力外来—本地劳动力长期被限定在较低层次的工作岗位，外来企业劳动力向本地转移是有限的—劳动收入漏损；外来企业占主导地位—就业带动效应减弱。

负反馈 3：外来企业占主导地位—技术向本地企业的扩散是有限的—带动效应减弱。

负反馈 4：游客需求和贸易的控制—游客向本地企业的扩散有限。

负反馈 5：资源被控制—本地企业发展受限。

负反馈 6：外来企业占主导地位—游客需求的控制—外来物品进口的增加—产业联动减少—产业结构单一，过度依赖单一的产业—经济脆弱性增强。

在以上负反馈的强化之下，少数外来大公司的侵略性快速发展，在大公司的控制下，资源和控制权不断向大企业转移（如图 2.5 所示），收入分配差异加大，贫富差距加大，公平的发展机遇失效，本地企业发展受限，区域经济陷入低速度发展或不发展的状况（Britton，1982）。

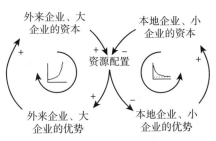

**图 2.5 负面影响的形成机制**

### 2.3.3 缓解投资带动型依附发展的对策

采取内向型的发展战略、促进中小企业的发展、对人力资本进行投资是目的地摆脱依附发展状况的主要手段。

缓解投资带动型依附发展的对策如图 2.6 所示。大企业的进入大多是以一种飞地的形式发展，在这个过程中，如果大企业与本地企业缺乏联系，则可能陷入依附发展的陷阱。政府对本地中小企业的保护和人力资本的投资是保证本地自力更生的关键。

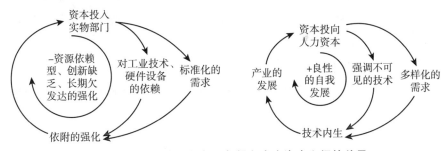

**图 2.6 资本投向实物部门与投向人力资本之间的差异**

　　资本向人力资源的投入有利于强调基于人的技术的重要性，强调的是多样化的需求，有利用技术内生化，促进产业的自我良性发展（如图2.7所示）。在发展的初期，通过资本的投入带来发展，但资本的投入会导致依附的发展的恶化，但在后期将资本引入人力资本的投资则会带来技术的内生，带来经济的自我发展。内向型的发展战略，即扶持本土企业的发展战略，是使资本从资本所有者向人力资本所有者转移的有效途径。

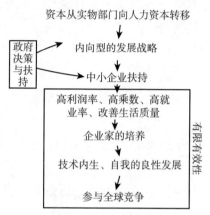

**图2.7　内生增长的作用机制**

　　中小企业具有资本投入便利性、高利润率、高乘数、高就业、有利于企业家的培养和改善居民的生活质量等优势，是提高本地人力资源水平的有效途径，也有利于本地企业成长为具有全球竞争力的大型企业。对本土中小企业的扶持是旅游内向型发展战略的主要手段。如果本地政府大力促进外来大企业与本地企业之间的联合，则有可能促进本地企业的成长，最后摆脱依附的局面。

　　因此，为了摆脱依附发展的局面，政府应该大力促进中小企业的发展，提高本地人力资源水平。但是内向型发展战略和对扶持中小企业的效用也是有限的，并且需要一定的前提条件。

# 2.4  旅游业与其他产业间发展不平衡

旅游发展对其他商业部门不仅带来带动效应，也会带来挤出效应，同时其他商业部门的发展水平也对旅游的影响范围产生影响，这使旅游业的正面效应进一步受到质疑。相关研究中最为著名的是荷兰病理论。下面将分别对一般情况下荷兰病的传导机制和旅游业主导下所带来的荷兰病情况进行分析。

## 2.4.1  荷兰病及其传导机制

在现实生活中，经济并不是线性的，经济中的各个主体在资源有限、资本有限或是劳动力有限、需求有限等的作用下呈相互抑制的趋势，如价格越高供给越多，需求越少，供给与需求共同决定产出；A 产业的发展可能会导致 B 产业的衰退等。这就是新古典经济学中最基本的原则，起源来自于1874 年瓦尔拉斯（Walrus，1958）纯粹经济学要义中的一般均衡理论①。该理论中，价格是最主要的经济发展传导机制。

基于一般均衡理论，自然资源如果对其他要素产生挤出效应，就会间接地对经济增长产生负面影响，而最终导致经济增长的停滞。由于这种现象最早在荷兰受到关注，因此被称作荷兰病。

早期的研究中，多数关于荷兰病的研究与石油产业的急速发展相关。福

---

① 一般均衡理论认为，消费者和生产者的最优化行为在一定条件下能够并将导致该经济体系中每个产品市场和生产要素市场的需求量和供给量之间的平衡。瓦尔拉斯将市场的行为表现为了一组线性方程组，并粗糙地给出了当系统达到一般平衡（general equilibrium）时方程组的解。"一般（general）"是指把经济内部相互联系和依存的各个组成部分看做一个整体进行研究的方法，并对经济主体行为作出外在设定，这些主体对价格变动做出反应。在之后的研究中，"均衡"的范围不断扩展，涵盖了经济主体在约束之下的消费均衡、宏观经济变量均衡，以及商品和要素市场的供需平衡。也就是生产函数与需求效用函数的最优化。一般来讲，产品包括生产活动、商品，生产要素包括劳动力、土地、资本、技术，经济主体包括企业、居民、政府、国外。

塞斯和凯（Forsyth and Kay，1980）对英国北部海湾石油产业发展所产生的影响进行了分析。之后，大量的研究发现，不仅仅是石油业，在金矿开采（Maddock and McLean，1983），外资的流入（Forsyth and Nicholas，1983）等都会造成荷兰病。荷兰病以一般均衡理论为基础，广泛地被应用在某一部门快速发展下（booming sector）的经济影响评估。

科登等（Corden and Neary，1982；Corden，1984）对荷兰病研究的经典文献中，对荷兰病产生的一般的机理和特殊的情境进行了分析。荷兰病对经济生产的影响包括支出效应、资源转移效应、资本的转移效应、比较优势（Rybczynski，1955）效应、国际资本流动效应、移民影响、当地消费效应、动态效应等。支出效应、资源转移效应为核心影响机制。资源转移效应，指劳动力从其他部门向繁荣部门的转移；支付效应，指繁荣的资源出口部门带来外汇，提高了对本地服务业的需求，导致生产要素向服务业转移。

科登和内亚里（Corden and Neary，1982）假设经济包括3个部门：景气产业（booming industry，简称B）、落后产业（lagging industry，简称L）、不可贸易产业（non-tradable industry，简称N）。认为B和L是对外贸易的产业，N通常来讲是指服务业。各部门的产出需要专门的要素投入，而劳动力是可以在各部门间转移的，以保证劳动力在产业间获得相等的收入。假定要素价格是可变的，而要素在国际间不可流动。

B部门的发展会带动B部门总产出的提高。B部门的发展被认为可以从以下三个方面产生：（1）因为外生的因素，B部门的技术提高，技术的进步仅产生在区域内部；（2）新的资源被挖掘，或者之前没有价值的资源开始被赋予价值；（3）B产业仅仅出口，而不在区域内部销售，其在国际市场上的价格相对于进口价格而言，产生了外生性的提高。

以第一种原因为例进行分析。B产业的发展会带来支出效应（spending effect）和资源转移效应（resource movement effect）。

### 2.4.1.1 支出效应

支出效应指B产业所增加的产出，会通过劳动力报酬或政府税收的形式转移，并通过劳动力消费或政府消费支出。这种支出会带来对N产业需要的收入弹性的增加，因此，相对于贸易部门来讲，N 产业的价格会上升（real appreciation）。这种支出效应会使 B 产业和 L 产业的要素资源向 N 产业转移。同时会使对 N 产业的需求向 B 产业和 L 产业转移。

### 2.4.1.2　资源转移效应

资源转移效应是指，由于产业的发展，B 部门的劳动边际生产率上升，在贸易部门劳动力报酬不变的情况下，B 部门的劳动力需求上升，因此，会带来劳动力从 L 部门和 N 部门移向 B 部门。这会带来两个方面的影响：

（1）劳动力从 L 部门向 B 部门转移使 L 部门的产出下降，这个影响被称为"直接去工业化效应"（direct de-industrialization），有时候也可能是去农业化效应（de-agriculturalisation），因为这个影响没有影响到 N 部门，不会导致汇率的上升。

（2）在固定的汇率之下，劳动力从 N 部门向 B 部门转移。N 部门的产出下降，但是 B 部门发展之后，对 N 部门的需求进一步上升，对 N 部门的需求高于其产出，导致上升的加快。因此，会使劳动力进一步的从 L 部门向 N 部门转移，使去工业化的情况进一步强化。这个效应被称为"间接去工业化效应"。

因此 N 部门的产出即有可能要比初始情况高，也有可能更低。因为支出效应使其升高，而资源转移效应使其降低。

支出效应和资源转移效应对于要素收入分配的影响：这两种效应都使 L 部门的专属资源的真实租金降低（这也被认为是荷兰病产生的主要原因）。这两种效应都会增加对劳动力的需求，以此使 L 部门的工资增加。但是由于 N 部门的价格上升，工资则有可能增加，也有可能下降。但是也有可能 B 部门的所有要素都不会向其他产业转移，这样就不会有资源转移效应。另外，如果一个产业，其价格主要由区域内部的需求和生产所决定，而不是由国际市场所决定，那么这个产业就是 N 部门。

### 2.4.1.3　多情景假设

假设 1：资本可以在 L 和 N 之间转移

在固定汇率的情况下，B 部门的繁荣会使资本密集型产业开始扩张，这是劳动力从非比较优势部门（mini – Heckscher – Ohlin economy）向 B 部门转移的结果。如果 L 部门碰巧是资本密集型产业，由于资源转移效应，L 部门可能会扩张，产生促工业化（pro-industrialisation）效应。不过这种效应也有可能会被支出效应通过货币贬值车（real appreciation）、资本和劳动力转向 N 部门所抵消。但是如果平衡的话，L 的产出还是可能增长。如果 N 部门碰巧也是相对资本密集型，B 部门的发展则可能导致货币贬值。

假设 2：L 部门包括几种产业

由于价格的改变，资本和劳动力将在 L 部门中间再分配，而根据罗伯津斯基（Rybczynski，1955）的理论，劳动力密集型产业受到抑制，而资本密集型产业开始扩张。

假设 3：允许国际资本流动

假设在核心模型（core model）中，L 部门产出下降，而 B 部门和 N 部门产出上升。国际的资本流动将会导致 L 部门的资本向 B 部门和 N 部门转移。这一影响会强化产出影响，而抑制资本回报率的上升。去工业化的情况更为严重，但 B 部门对 L 部门的影响将减弱。国际资本的流入会使 N 部门的产出曲线更加富有弹性、N 部门的产出进一步上升，而由于恢复经济平衡的需要，货币贬值将弱化。

假设 4：B 部门也作为当地消费品存在

B 部门产出的增长会导致对 B 部门需求的增加，进而导致 B 部门价格的升高，强化荷兰病，同时 B 部门的消费向 L 部门和 N 部门转移。

假设 5：要素资源固定

在要素资源固定的情况下，B 部门产出的提高会使贸易条件改善，出口产业得到促进。

假设 6：B 部门作为中间投入

由于需求增长而带来的 B 部门产出的增长会带来 B 部门价格的上涨，B 部门价格的上涨会带来以 B 部门作为中间投入的产业的下降，而 B 部门的游客产业产出则会上升。

荷兰病的传导机制如图 2.8 所示。

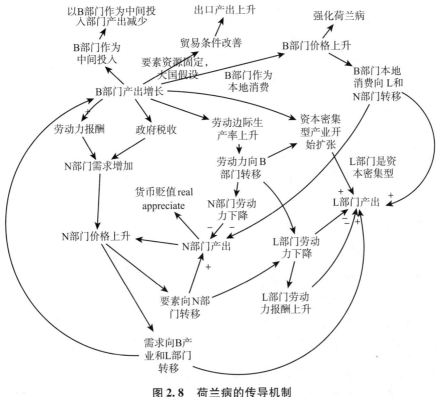

图 2.8　荷兰病的传导机制

## 2.4.2　荷兰病与旅游发展

从 20 世纪 90 年代开始，有学者开始探讨由于旅游快速发展所带来的荷兰病。旅游业同样会给当地经济结构造成负面影响，如由于对生产要素争夺和重新配置而产生的旅游业发展与其他产业发展的相互冲突与带动。旅游业发展对劳动力的再分配，使更多的居民从农业和工业转向旅游业，在一定程度上增加了其他产业的人力资源成本或导致了其他产业人力资源的流失，旅游发展带来的去工业化是荷兰病的典型特征。去工业化进而使更多的物质需要依靠进口，从而增加漏损。一般来讲，欠发达地区以传统的小农农业为主，这也使在旅游发展中更多地导致去农业化。

亚当斯和帕门特（Adams and Parmenter）以澳大利亚为例，在旅游年增长率翻倍的情况下，利用一般均衡模型对工业化和城市结构的影响进行了分析，认为旅游相关的部门会从经济发展中受益，而非旅游部门的发展则会受到冲击，对所有区域的总体经济发展有负面影响。以旅游业为主导产业的昆士兰州受到的经济影响是负面的，传统的出口产业，如农业和采矿业在旅游业的快速发展中被挤出（Adams and Parmenter，1995）。

但旅游业不同于一般的出口产业，主要的差异包括以下几方面：（1）游客必须亲自到出口国才可以消费旅游产品与服务，因此，旅游的消费使很多传统上不能出口的产业，如饭店业等，变成了出口产业。（2）游客会消费一系列的产品和服务，因此游客在购买之前会对整个行程的花费进行评估，而不仅仅是单个产品的价格。（3）游客还会消费很多不能定价的自然吸引物（Copeland，1991）。

基于这些差异，旅游业发展对区域经济带来的影响与其他产业也会有所不同：由于旅游在区域内消费，因而，关税和商品税之间的差异变得模糊。非贸易部门（N 部门，多数指服务业）产出的增长可能更多是由外来的消费所带动，而不是本地消费。关税和其他关于发展滞后部门（除旅游业之外的其他贸易部门，简称 L 部门）的政策也可能对旅游需求产生影响，因为旅游决策受本地物价水平的影响。旅游业发展中消耗的自然资源也会产生租金，但如果缺乏适当的政策，租金可能会被浪费。

科普兰（Copeland，1991）在一般均衡的假设前提下，对旅游业的快速发展进行分析后得出：在不考虑税收、市场扭曲、外来投资的情况下，入境旅游的增长仅仅会通过改变本地 N 部门产品价格来促进经济发展。N 部门产品价格的增量与旅游业贸易条件（term of trade）的变化量相等。在生产要素可流动的情况下，N 部门产品价格的变动对旅游需求冲击的影响较小，因此，旅游影响也较小。对本地商品征税，可以提升旅游的正面影响，因为这部分税收在一定程度上代表了自然资源的租金。而如果旅游资源被外来企业所控制，大量的旅游收入通过外来企业的收入漏损至国外，旅游的发展将降低社会总福利。

国际上，基于一般均衡理论的旅游研究验证了旅游业发展会导致荷兰病的产生这一命题，认为旅游的发展会对其他产业带来挤出效应。2003 年之后，SSCI 收录的 10 篇，基于一般均衡理论或模型，对旅游需求上升以及事件影响下旅游产业发展的研究（R. Smyth, et al., 2009；Schubert and Brida, 2008, 2009；Sheng, 2011a, 2011b；Sheng and Tsui, 2009a, 2009b；Chen and Yang, 2010；Wattanakuljarus and I. Coxhead, 2008），基本支撑了荷兰病的观点。仅有一篇的主题为旅游与贫困消除，文中认为旅游业的发展有利于处于各种收入阶层的人收入的提高，但是最低收入阶层的收益最少，即会加大收入分配的差距（Blake and Arbache et al., 2008）。

当然，荷兰病的程度也受当地经济发展水平、经济多样化程度等的影响。经济整体存量越小，经济结构越单一的区域，旅游业发展在经济中所占的比重越大，旅游发展对要素供给和货币的影响就越大，对其他产业所产生的影响就越大（Wall, 1982；Lundgren and Hall, 1995）。

亚太地区最近也开始出现利用一般均衡理论对旅游区域影响进行分析的文章，如澳门旅游学院盛力等学者（Li and Tsui, 2009；Sheng, 2011）。承载力有限的城市在旅游迅速发展的情况下，更容易遭遇荷兰病（Sheng, 2011），因此这样的城市更应该用旅游业的收入来进行多样化发展。

从荷兰病发生的假设前提来看，大多数对于旅游业快速发展的假设基于旅游需求的快速增长。科普兰（1991）将旅游业快速发展的原因概括为两种情况：（1）外部旅游需求的迅速增加；（2）本地利好政策的增加，吸引大量游客的进入。

然而中国旅游发展在很大的程度上是政府招商引资的结果。在基于供给迅速发展所带来旅游业繁荣的情况下，旅游业发展对目的地会带来怎样影响的相关研究还较少。

### 2.4.3　荷兰病视角下旅游业与其他产业的关系

在荷兰病的视角下，旅游的发展可能会导致去工业化的产生，而这种去工业化在多数的欠发达地区则主要表现为去农业化。由于农业的生产效益是有限的，而旅游业的收入相对较多，大量的农业用地或从业人员会参与到发展农家乐旅游中来，因此可能会威胁农业的发展，与在发达地区旅游业地位低下相比，在欠发达地区的服务业，特别是对富人的服务，可能本身就有较高的社会地位，也会进一步的促进劳动力向旅游业转移（Cukier and Wall，1994）。

另外，由于土地价格因素的改变，也有可能导致目的地被排挤出农业市场。如在地中海沿岸，由于土地、劳动力和水资源的紧缺，旅游业发展与渔业，盐井业和农业之间的矛盾突出。从而形成了一片非常昂贵、脆弱同时也极具景观价值的土地。甚至，由于对水资源的无序开发，使得农业的发展陷入了危机（Mignon，1979）。

### 2.4.4 缓解荷兰病的对策

促进经济结构的多样性是改善荷兰病的有效手段。具体的手段为利用旅游业发展所获得的税收对其他产业进行扶持。

在一个经济多样性缺失，严重依赖于旅游业发展的地区，在游客人数快速上升的过程中，目的地的依附程度会不断上升，被锁定在一种不可持续的、高依附程度的状态（Williams，1991；Bianchi，2002）。从经济结构来讲，区域经济的构成、目的地已有的经济基础、产业结构（各产业所贡献的国内生产总值与劳动力所占百分比）等则会直接影响旅游的乘数效应与漏损的情况。多样性的经济结构，将限制漏损的效应，从而降低当地居民的压力，对旅游经济的发展更为有利。

大量的文献在分析了旅游业带来的负面效应之后，对旅游征税的问题进行了探讨，基于 CGE 模型的研究中，关于旅游税收的研究占到了很大的份额。这份文献主要是为了研究科普兰的相关理论。科普兰认为，由于旅游业会导致其他产业的衰退，而通过对旅游行业收税，由政府来补贴其他产业的发展，可以缓解荷兰病的现象[①]。在一定程度上，对旅游税收的研究是以旅游业的快速发展会带来荷兰病为基础。旅游税收的相关研究多数支撑了科登

---

① 科登（Corden，1991）认为，为了提高旅游发展所带来的收益，目的地政府可以：（1）从旅游发展所带来的贸易条件改善（出口价格相对于进口价格上升，汇率上升）中获取利益。（2）对作为自然吸引物的自然资源收取一定的费用。目前讨论较多的是第二种方式。

（Corden）的观点，研究认为，目前旅游部门的营业税是被低估的，而提高旅游营业税是提高政府税收的最有效手段（Gooroochurn and Sinclair，2005）。对旅游部门征税比对其他部门征税更为有效和公平。对旅游密集部门征税比对旅游相关部门征税更为有效。

成功的带动区域发展的旅游业，必须是建立在与整个区域的社会经济结构相融合的基础之上。在旅游快速发展的同时，也必须保证其他产业的均衡发展。分析目前中国旅游业税收的变化将有利于进一步政策的制定。

# 2.5　文　献　总　结

## 2.5.1　大项目带动型旅游发展的影响及其影响机制

经过对国际上相关文献的综述，本研究总结出欠发达地区旅游业发展区域经济影响的理论模型（如图 2.9 所示）：（1）欠发达地区政府通过采取外向型的发展战略、吸引大资本或者大企业进入，是欠发达地区启动本地经济的关键；（2）外来大企业的进入会导致依附发展的局面产生；（3）旅游业的快速发展会带来荷兰病；（4）为了解决依附发展的问题，政府应该在旅游发展到一定阶段之后，采取内向型的发展战略、培养本地的中小企业、将投向实物部门的资本转向人力资源投资；（5）为了解决荷兰病的问题，政府应采取促进产业均衡发展和多样化发展的政策；（6）政策的有效性是有限的。

欠发达地区政府应通过采取外向型的发展战略、吸引大资本或者大企业进入以启动本地经济。欠发达地区资本和人力资源匮乏，在自然资源具有比较优势的情况下，这种吸引大资本或者大企业进入的发展战略有利于要素的积累与乘数效应、生产效率的提高、经济的扩散、促进大企业与小企业之间的相互带动、带动旅游业上游产业发展。但是这些大企业的带动效应多数仅仅存在于理论层面。

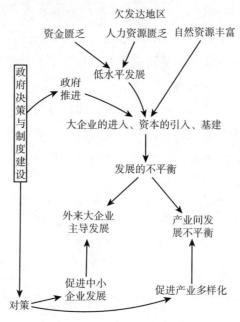

图 2.9　旅游发展路径及其影响

　　在实际的发展过程中，更多地是导致依附发展的局面。外向型的发展方式，本身就被认为会导致二元结构的扩大化，旅游地采取外向型发展战略，也很难摆脱依附发展的局面。具体来讲，目的地对外来大企业的依附主要表现在以下几个方面：客源地旅行社对客源的控制；贸易是被控制的；资源被控制；劳动力与技术的依附；本地所拥有的生产要素主要是基本要素，但基本要素与高级要素之间存在质的差异；依附发展会带来目的地与周边经济之间的二元结构。这些依附发展的特征会大大降低旅游发展对本地的乘数效应与带动效应。

　　旅游业的迅速发展会导致荷兰病的产生。荷兰病的理论认为，在发展过程中，由于旅游需求的增长会增加旅游业从业者的收入，从而带动本地服务业增长，旅游业和本地服务业的扩张会对其他发展较为滞后的产业产生挤出效应，导致去工业化或者去农业化局面的产生。长此以往，如果旅游发展赖以依靠的资源优势消耗殆尽，经济发展将停滞。

　　为了解决依附发展的问题，国外一贯的做法是采取内向型的发展战略，通过各种政府的保护措施来促进本土企业的发展，在这个发展的过程中，特别要强调的是对本土中小企业的培养。中小企业由于进入门槛较低，具有实操性。对中小企业的扶持有利于企业家的培养，使其在竞争中逐步壮大，成为有能力参与全球化竞争的大型企业，将业务扩大到其他的欠发达地区，从依附方转变为被依附方。同时大力促进资本投入人力资源部门，不断提升人力资源在发展中的地位，促进技术与创新的出现，面向多样化的旅游需求，改变对资源和资本依赖的状态，是可持续发展的关键。

对于荷兰病的问题，政府应采取促进产业均衡发展和多样化发展的政策。其中通过对旅游行业收税，由政府来补贴其他产业的发展，是主要的缓解方式，提高旅游营业税是提高政府税收的最有效手段，同时对旅游密集部门征税比对旅游相关部门征税更为有效。

## 2.5.2　中小企业培育与产业多样化政策的有限有效性

在依附发展和荷兰病的视角之下，促进内生企业和中小企业的繁荣，同时保证经济的多样性是实现目的地的可持续发展的关键。

但促进内生企业和小企业的繁荣其效用是有限的。中小企业的发展如果得不到有效的引导与扶持，其对目的地的正面带动效应是有限的，而自由放任的发展会加剧目的地的衰退。通过对西班牙米诺卡岛 1965～1988 年的旅游业发展的研究发现：旅游业中 65% 的企业是内生的，创造了大量的就业，其发展符合新自由主义理论，在旅游发展的带动下，大部分的产业都有一定的发展，就业在区域间的流动，也没有对区域间的差异产生影响（Williams，1991）。只是季节性在强化，旅游就业者的技能也被限定在一种低就业技术能力水平。如果政府继续实行"放任发展"的旅游政策（自由市场），旅游业将在不久的将来开始衰退，并开始影响其他产业。在西班牙的案例中，可以看到旅游业的脆弱性，目的地经济的繁荣主要是依赖于旅游业，在这样的情况之下，目的地陷入一种变相的去工业化境地，在旅游衰退之后，目的地也会迅速衰退。要改变这种状况，则需要实行旅游产业多样化的政策。

产业多样化也并不是一条简单的道路。在实践中，资源从一个行业再配置到另一个行业是很难做到的，如初级产品出口所需要的是社会基础设施（如公路、铁路、通讯、电站、信贷和市场营销等），但是这些资本很难向其他产业转移，如制造业。因此，就会越来越依赖初级产品出口，经济越来越没有弹性。一个出口导向的初级产品生产的国家，要转变成为多样化、多部门的结构，需要经年累月（Hayami and Godo，2009）。盛力等在对澳门的情况进行了分析之后认为，对旅游业征税对目的地是促进的作用还是负面的影响主要受目的地市场力量的影响，但是税收的效用严重依赖于目的地的政治结构和权力关系（Sheng and Tsui，2009），在澳门对旅游业收税而补贴其他产业可能会降低本地社会福利（Sheng，2011）。

而对于海岛地区，旅游更容易主导经济的发展，当旅游业发展的规模超过了当地经济的接待能力时，旅游业的收入漏损将会非常巨大。如对特殊食品与物品的进口、管理技术的引进、高技术人才的引进、员工省外培训，以及对长途航线和旅行社的支出等，会给当地的旅游经济带来相当大的漏损（Shaw and Williams，1998）。同时导致不稳定的短期的二元发展加重，不利于经济的长期健康发展。在小型海岛地区，经济多样化发展是一种可望而不可及的发展手段。

综上，促进内生企业和中小企业的繁荣，同时保证经济的多样性有利于区域的可持续发展，但这一过程是一个艰难曲折且长期的过程。

### 2.5.3　中国背景下旅游发展与国外的差异

以上的文献总结基本为对于国外文献的总结。但是在中国的背景之下，旅游发展可能产生的影响与国际上旅游发展产生的影响会有哪些方面的不同，还需求深入探讨。

一方面是政治体系的差异。对于旅游对区域发展影响的研究，大多是基于发展理论的研究，外向型发展策略、内生型发展策略等均是发展经济学的理论范畴。发展理论（Todaro，2006）是一种比经济发展理论的研究范围更为宽泛的理论。发展理论认为，对发展的研究不仅仅要从经济学的视角出发，同时也要从制度和结构的角度来看待，社会经济与制度方面的欠发达问题通常是互相联系的。

从政策体系来讲，国外文献大多是基于资本主义国家的发展路径及其影响总结，仅有的对社会主义国家的研究者为霍尔（1998），但他的研究对象是苏联。目前中国的状况和苏联已经有了较大的差异。在中国这种具有中国特色的社会主义制度背景下，旅游业相关政策的制定、基于其特定政府环境下的发展策略的选择、旅游业发展的路径以及影响等问题都需求进一步具体的分析。

另一方面，国外文献中的研究多为针对小型岛国的研究，如斐济、加勒比沿岸的岛屿国家等，其依附发展多指由于入境旅游所带来的欠发达国家对于发达国家的依附。但是中国地域广阔、人口众多，入境旅游发展相对国内旅游而言较为缓慢，多数的旅游地还是以国内游客为主。在中国特殊背景下的旅游地招商引资，也多数是对于国内、区域外地区的资本和企业的引入。在这样的情况之下，中国旅游地的发展和国外相比，又存在哪些不同？也需要具体的探讨。

# 第 3 章

# 研究方法与研究设计

在本书第 1 章中提到，国外对于旅游与区域发展研究的方法包括定性与定量两种。本书选择通过定量研究与定性研究相互佐证的研究方法。一方面通过定量研究对旅游的影响进行量化评测，另一方面，通过案例研究对旅游发展的影响进行微观分析。定量研究选择能够反映经济各主体之间动态关联变化的可计算一般均衡模型（CGE），通过在模型中输入政策冲击得到政策的区域经济影响结果。定性研究采用案例研究的方法，通过田野调查和二手数据的收集，对研究问题中的"怎么样"和"为什么"进行解释。

## 3.1  定量研究方法

### 3.1.1  旅游经济影响定量研究现状

目前国内大多数定量研究基于宏观数据的简单定量分析，或者主要使用一些比较老式的定量研究方法，如基于投入产出（input-output，IO）模型（West and Gamage，2001）的旅游业产业关联效应分析；基于协整理论的协整效应分析等。

基于 IO 模型的旅游关联效应研究（傅京燕，1999；何银武，2000；袁绍斌，2003；庞丽，王铮，刘清春，2006），基本认为旅游业关联带动功能强、提供就业机会多、社会效益明显、对区域经济增长产生显著的正效应。基于 IO 模型的研究对象包括全国、省区、市等各级作为独立的统计对象的区域，从时间上来讲，由于 IO 数据的限制，主要为 1992 年、1997 年和 2002 年三年。

部分研究利用协整理论对旅游发展和经济发展之间的相互促进关系进行了分析。在全国为对象对旅游发展与经济发展之间的协整关系进行分析的结果显示：基于不同年份、不同的指标选择，所呈现出的结果完全不同，说明旅游发展与经济发展之间的相关关系并不确定。对省区的旅游发展与经济发展之间的协整关系进行的分析也同样表明：基于简单计量分析所得到的结论呈现出较大的波动，其有效性值得商榷。

使用上述的计量研究方法、基于简单计量分析的研究，通常将发展简化为一个简单的线性增长过程。一方面，对于现实发展的复杂性、非线性、长期的动态过程难以把握。另一方面，对于发展的目标设定过于单一，简化为经济的增长、游客人数的增长、就业岗位供给的增长、外汇收入的增长、旅游企业数量或规模的增长等，没有能够说明发展的问题。对经济活动的影响通常使用微观经济的变量来计算，如部门的产出、收入、价格和雇工情况，有时也会用 GDP 来计算。因此，近年来也有研究利用旅游卫星账户（TSA）、社会交换矩阵（SAM）（Wagner，1997）等较为复杂的模型对旅游经济影响进行分析，但是从模型本身来讲，它们仍然属于线性模型，只能分析旅游对经济发展的正面带动效应。

上述模型以一些不太符合实际的假设以及一些不全面的经济运行模式为理论基础，最为重要的是忽略了各部门之间各要素的替代作用和价格的影响。不允许部门间各种要素的替代，货物的价格是一个固定的给定数据，假设当旅游花费变动时，工资和物品的价格都是不变的，而这些假设在大多的情况下并不成立。因此，这些模型只能测算经济的带动效应，无法测算负面的影响，是一种将旅游给当地经济带来的"毛效应"（Gross effect）与"净效应"（net effect）混淆的算法。在一个给定的经济环境中，这种分析很容易夸大旅游需求变化产生的正面效应。事实上，旅游花费的变化既有可能改变物品的价格，当其被市场感知到时，也会影响价格和工资的变化，还会导致供应量的变化。净效应是指经济活动所创造的价值与其所消耗的价值的差值，对净效应的评估认为，旅游的发展不仅会对经济产生带动效应，也会产生负面的挤出效应。

较为推崇的方法是一般均衡模型（Computable general equilibrium modeling，CGE 模型），这种方法强调发展时部门间的联系，模型中的工资和货物价格也是不断变化的，还可以模拟不同政策变换下对旅游经济发展所产生的影响。近年来在旅游研究中这种方法也开始慢慢被采用（Blake and Durbarry et al.，2006）。

### 3.1.2 可计算的一般均衡模型

CGE 模型的发展给旅游经济学家提供了全新的研究视角。前人曾用真实的数据来模拟过（Nowak and Sahli，2007）认为该模型可以很好地模拟经济的变化情况。一般均衡理论在 1874 年由法国经济学家瓦尔拉斯提出。瓦尔拉斯认为，整个经济体系处于均衡状态时，所有消费品和生产要素的价格将有一个确定的均衡值，它们的产出和供给，将有一个确定的均衡量，在"完全竞争"的均衡条件下，出售一切生产要素的总收入和出售一切消费品的总收入必将相等。

CGE 模型自 20 世纪 60 年代产生以来，在发达国家和发展中国家都得到了广泛的运用，如德卡卢维和马丁（Decaluwe and Martens，1988）对比分析了用于 26 个发展中国家的 73 个这类可计算一般均衡模型，论证了 CGE 模型进行政策分析的有效性。对 CGE 模型的应用，既有理论的研究（Copeland，1991）也有实证的研究（Adams and Parmenter，1995；Gooroochurn and Sinclair，2005）。这种方法强调发展时部门间的联系，模型中的工资和货物价格也不断变化。该模型还可以模拟不同政策变换下对旅游经济发展所产生的影响。模型的建立基于经济中各种变量的关系，如经济的投入与产出、被模拟的市场间的关系，由市场决定的资源分配等。CGE 模型具有以下特征：（1）模型中有多个互相作用的经济主体和产品市场，对经济结构有着详细的描述，这些结构包括产业结构、就业结构、贸易结构、增加值的构成等，CGE 模型可以包括详细的产业部门和居民家庭组；（2）各经济主体的行为由优化条件推出，不同的行为假设、模型参数和优化条件会导致不同的结果；（3）模型不是优化某一经济主体的目标函数，而是根据多个市场和机构的相互作用，在一般均衡框架下，得到一个使得市场均衡的资源的重新配置。因此，CGE 模型的一般均衡框架使它能描述多个市场和机构的相互作用，可以评估某一特殊的政策变化所带来的直接和间接影响，以及对经济整体的全局性影响。

　　一般认为，当价格、经济结构和宏观经济现象都是重要的影响因素时，CGE 模型是比较合适的分析工具。如：（1）对荷兰病研究的文献认为旅游需求的增长会改变一个国家产品细分的模式，会对传统部门或者国际贸易部门产生挤出效应。文献认为增加国内或国际旅游收入的一个主要渠道是这个国家实时汇率的改变，对于区域而言，则是价格的改变，而这个改变同时也会改变国家的经济状况。（2）入境旅游的增长会提高非贸易产品的需求，提高当地物价，也会消耗当地的资源来进一步扩充他们的产品。由于税收等因素，很多对目的地经济状况的描述过于简单从而反映不出真实的状况。事实上，入境旅游的发展不一定能促进经济的发展，也可能会降低目的地的总体收入。因此，在评估旅游发展的净效益时，应该进一步重视发展旅游业的同时，其他产业所付出的代价。

　　国内旅游影响研究也开始运用 CGE 模型，但是目前仅有两篇文献，一篇仅仅给出了模型计量的结果（黎洁和韩飞，2009）；另一篇虽对模型结果进行了阐述（左冰和保继刚，2010），但是对于结果产生内在机制的挖掘以及模型局限性的探讨还较为有限（宋涛和牛亚菲，2008）。

　　整体而言，国内对这方面的研究尚处于起步阶段。对于旅游发展净效应的研究有助于更好地认识旅游业对当地发展的贡献，引导旅游业更加健康的发展。本书将以定量研究为基本，利用一般均衡模型对政策影响进行定量评估。利用案例研究对旅游影响进行微观的分析，并给出较为符合中国实际的政策建议。

# 3.2 定性研究方法

定量研究能够直观地反映经济主体之间的相关关系，然而，一方面发展中国家的宏观数据由于统计体系存在缺陷，数据对事实真实性的还原能力有限；另一方面，宏观数据由于极强的概括性，并不能细致地反映经济发展的推动机制及其影响；同时，任何数量模型的建立都是以一系列假设条件为前提的，在应用上都存在其局限性，如 CGE 模型的前提假设是当年的经济环境处于一般均衡的状态，但是实际中，现在的状况并不是均衡的，而 CGE 模型是对基于自由市场的经济状况的描述，在中国这种政府行为占主导的情况下，CGE 模型本身就存在局限性。因此，本书采用定性研究对定量研究的结果加以补充，通过多种证据来源的整合与分散来尽量还原客观事实。

## 3.2.1 旅游发展案例研究现状

旅游对发展影响的大量研究是基于实证的基础上提出的。如伦德格伦（1977）提出的旅游发展涓滴效应的模式（核心—边缘理论，centre-periphery syndrome）是基于对加勒比地区旅游发展的案例研究而得出，布里顿（1982）关于旅游依附发展理论的一系列研究则基于斐济岛的案例研究，霍尔（1998）的研究为基于前苏联各国的案例研究，Dahles（1999）小企业消失论的提出则以印度尼西亚为案例等。案例研究为理论的整理提供了鲜活的证据，是理论提升的基础。

## 3.2.2 案例研究思路

1. 为什么选择案例研究法

案例研究是探索难以从所处情景中分离出来的现象时采用的研究方法（Yin，1994）。它有助于我们通过解剖"麻雀"，即对具有典型意义的个案进行研究，形成对某一类共性（或现象）的较为深入、详细和全面的认识，包括对"为什么"（解释性个案研究）和"怎么样"（描述性个案研究）等问题类型的认识（Yin，1994），因而它常常与描述性、探索性和解释性研究结合在一起。

由于本书希望验证旅游对区域经济发展推动的有效性，研究中涉及到：旅游是怎么样推动区域经济发展的，为什么会推动经济发展，或者为什么不能推动经济发展，因此，案例研究是较为合适的一种研究方法。

2. 案例研究的代表性与外推性

案例研究会涉及代表性与外推性的问题，在本研究中体现为通过对个案的研究是否可以归纳出中国旅游对区域发展影响的一般理论。因此研究需要案例地具有类型代表性①或典型性（王宁，2008）。从个案研究所得的一般结论或理论，便可以在一定条件下外推到它所代表的类型中的其他个案。

归纳性个案研究至少有三种不同的形式：实质理论指导的例证性个案研究、形式理论指导的经验归纳研究、无理论指导的理论归纳性个案研究。本书希望论证西方已有的相关理论是否适用于解释中国的现象，因此，选用实质理论指导的例证性个案研究。Yin（1994）认为："不论承认与否，研究者总会有意无意地受到某种理论的指导或暗示，试图带着"空白"的大脑做研究，这是不现实的。因此，与其拒绝客观上对研究过程造成影响的理论的指导作用，不如一开始就明确承认理论的指导作用。这里所说的实质理论，涉及研究对象的实质内容、条件、变量和具体过程。在表面上，这一种类的个案研究似乎是一种演绎—验证型研究，即是说，它以某个实质理论为指导，并用个案作为例证来证实某个实质理论。其实不然，这一类型的个案研究属于归纳—验证型研究。它并不是要去证实某个实质理论，而是要去说明该理论的外部效度以及外部效度受限的条件。"

因此，理论在本案例研究的设计和实施中发挥着重要的作用（Chen，1990），本书先对国内外相关理论进行文献综述，从中找出旅游发展的类型

---

① 按个案研究结论的外推情况、外推范围或外推方向的不同，案例研究包括三种情况：代表性无涉的个案研究、归纳性个案研究、对话性个案研究。归纳性个案研究需要个案样本具有类型代表性，对话性个案研究需要个案样本具有反证性。

以及其对区域发展所可能产生的影响，形成旅游发展模型，在此基础之上，通过案例研究对国外的理论在中国的适用性进行论证。

## 3.2.3 案例地选择

案例研究的第一步是对案例的选择。从国际上来看，在已有的众多案例研究中，大多的案例地都为旅游发展历史悠久的岛国或者岛屿地区。如加勒比海地区（Bryden，1973；Hills and Lundgren，1977；Matthews，1977；Lundgren，1982；Francisco，1983；Lea，1988；Wilkinson，1997）的巴巴多斯岛（barbados），圣露西娅（St Lucia）岛，格林纳达（Grenada）岛，多米尼加、牙买加、马耳他、巴拿马等国家，也有对斐济（Britton，1980；Narayan，2004）、巴厘岛（Hitchcock and Putra，2007；Mowforth，2008）、南非地区（Dieke，1991；Saayman and Saayman，2010）旅游发展的一些相关研究，这些地区经济结构较为单一，旅游影响较容易剥离，因此受到了研究者的喜爱，是理想的研究案例地。

中国地域辽阔，大多数为内陆地区，经济形态复杂，地区间缺乏明显的边界，旅游影响难以剥离。而海南岛作为中国除台湾之外的唯一一个具有明显边界的岛屿省份，从地域尺度来讲，有着明确的地域边界，从陆地上不与其他省份接壤，其发展具有明显的边界性，赋予了对研究范围限定的便利性。海南岛作为一个行政区域存在，更有利于统计资料的收集与各项经济活动的分离。另外，对于本研究而言，海南省也具有较高的数据可获得性。因此，本书选择海南岛作为研究案例。

选择海南岛还基于以下两个方面的原因：

（1）海南岛是我国最早旅游开发的目的地之一。早在1983年，全国大部分地区还处于计划经济的年代，海南岛就成为了中国以对外开改革的试验地，旅游业得到了的发展。到2010年，《国务院关于推进海南国际旅游岛建设发展的若干意见》出台，海南成为了中国第一个以旅游业作为全省的发展战略产业的省份。

（2）海南岛经济结构单一，旅游业是海南岛经济发展的主要产业，有利

于将旅游影响与其他影响分离。经济结构单一指工业构成较为简单，主要的
工业为石油与核燃料加工业、造纸业、汽车、电力供应和建筑业，这些产业
的发展主要依赖于几个大企业的发展，从地理分布来讲，主要集中于海口和
洋浦开发区。

基于上述原因，海南岛是合适的案例。

在具体案例研究开始之前，通过现有理论选择多案例进行探索性研究，
以从中获取具有典型性的个案。2009 年 7 月 16～29 日，作者对海南岛的主
要旅游目的地进行了预调研。调研地点包括五指山风景区、南湾猴岛旅游
区、七仙岭温泉风景名胜区、尖峰岭国家森林公园、霸王岭国家自然保护
区、南丽湖风景区、博鳌水城旅游区、兴隆热带植物园、亚龙湾国家旅游度
假区、三亚槟榔村、呀诺达雨林文化旅游区、松涛水库。并对尖峰岭自然保
护区、吊罗山国家森林公园、火山口国家地质公园、白鹭乐园（名人鸟自然
保护区）、黎母山国家森林公园、松涛水库旅游区、五指山、黎苗风情村、
霸王岭国家森林公园、博鳌镇、兴隆旅游度假区进行了深入的前期调研与资
料收集。前期调研结果如表 3.1 所示。

表 3.1　　　　　　　　　　　前期调研案例总结

| 名称 | 旅游发展简介 | 游客及停留时间 |
| --- | --- | --- |
| 吊罗山国家级自然保护区 | 吊罗山林业局主导开发初期，区域带动较少 | 周末自驾车游客，在区内停留约 1～2 晚 |
| 东寨港国家级自然保护区 | 社区居民自发经营海鲜餐厅，长期小规模发展 | 自驾车游客，一日游团队游客，均不过夜，主要为美食游客 |
| 尖峰岭国家级自然保护区 | 尖峰岭林业局主导开发初期，景区与周边隔离 | 旅游团队占 1/3，散客占 2/3，散客中以自驾车人群居多。以周末度假为主 |
| 五指山国家级自然保护区 | 保护区管委会主导，长期小规模开发，旅游发展影响与其他经济影响难以剥离 | 散客为主，大部分停留半天。也有较少团队游客，主要为漂流 |
| 南湾省级自然保护区 | 三特索道公司，大众团队观光游客，区域带动较少 | 主要为大众团队游客，少量散客。一般不过夜 |

| 名称 | 旅游发展简介 | 游客及停留时间 |
|---|---|---|
| 兴隆旅游度假区 | 经营主体主要为华侨农场，经营多样化，主要为小景点及酒店，带动了旅游就业。<br>东南亚风情村，亚洲风情园均为外地人经营 | 主要为团队游客。大部分过夜游客（万宁市一共有 1000 家酒店，过夜接待约 300 万） |
| 博鳌水城旅游度假区 | 琼海市政府主导，以博鳌亚洲论坛为主体开发，景区与社区联系较少 | 博鳌亚洲论坛与会人员；团队游客，参观会址与午餐 |
| 七仙岭温泉风景名胜区 | 1998 年开始发展温泉酒店，现已衰落。2009 年委托海航开发有限公司经营管理，计划引入大量高星级与高尔夫 | 温泉度假游客 |
| 亚龙湾国家旅游度假区 | 中粮公司主导开发（亚龙湾股份开发有限公司），已吸引大量高星级酒店进入，带动了区域城市化 | 团队海滩观光游客<br>酒店住宿 |
| 呀诺达雨林文化旅游区 | 2008 年底试运营 | |

注：根据各地区规划和统计资料整理。

2009 年，海南旅游开发主要集中于东线高速沿线的滨海地区，环岛的团队游客主要经海口入岛，一般的旅游线路为海口—博鳌—万宁（兴隆或东山岭、西岛）—南湾猴岛—三亚，博鳌主要为会址参观与午餐，之后在万宁住宿，第二天到南湾猴岛游玩后，到达三亚住宿。因此，海南团队游客主要集中在万宁与三亚住宿。团队游线以外的其他景点大多以散客为主，到目前还处于探索性开发期或开发停止期。

本研究根据案例是否具有典型性来对案例地进行筛选。典型性是关于某一类共性的集中体现。要判定某个案是否典型，就要先弄清楚某一类共性是什么，以及它包含哪些特征（王宁，2008）。要确定典型个案，就要对共性类型的表现形式进行区分。一般来说，存在三种不同的共性类型：普遍现象的共性类型（集中性）、反常（或离轨）现象的共性类型（极端性）和未知现象的共性类型（鲜为人知的类别）（启示性）（Yin，1994）。

对应于普遍现象的共性类型，选择个案研究可遵循集中性标准。所谓集中性，指所选个案集中了某个类别现象的主要特征和属性，因而成为该类别现象的典型载体。2010 年，在国际旅游岛的大环境之下，亚龙湾的发展模式成为了大量目的地的效仿对象。亚龙湾从 1995 年开发至今，带来的示范效应依然明显，就其发展过程而言，是一种普遍现象的共性类型，具有类型典型性的特征。因此，选择以亚龙湾作为主要产业的三亚田独镇作为本书的第一个研究案例地。

案例研究按案例的数量分为单案例分析与多案例分析。理论的重要性不仅体现在解释性案例研究中，还体现在基于复制法则的多案例研究中。因此，本书同时选择海南旅游发展最早，且目前依然是大众旅游点的目的地——东郊椰林，作为对比研究案例。

作者于 2010 年 6 月 11～18 日对东郊椰林进行深入调研。2010 年 7 月 1～13 日和 8 月 3～12 日作者再次进入海南，对亚龙湾所在地区的三亚田独镇进行深入调研。

## 3.3　资料收集与分析

### 3.3.1　资料收集

资料收集是案例研究的基础。案例研究的数据来源有 6 种：文件，档案记录，访谈，直接观察，参与式观察和实物证据。案例收集要符合三大原则（Yin，1994）：（1）多种证据来源，帮助形成证据三角形，验证证据的合理性；（2）建立案例研究数据库；（3）组成一系列的证据链。

#### 3.3.1.1　二手数据的收集

二手数据包括文件、档案、记录、和实物证据。

首先，在案例地筛选和案例地确定、案例地调研以及案例整理的过程中，正式的文献资料的查找与分析一直在进行。主要的资料来自于：（1）中山大学图书馆（实体或虚拟的），包括图书，期刊，报纸，统计年鉴，图片资料和多媒体资料。（2）Google 学术期刊网，查阅文献资料，搜索有用的文章，其中中山大学图书馆不可获取的资料向外国的图书馆求助。

其次，在实地调研的过程中，从当地获取有关资料是至关重要的。其中文件类的资料包括海南史志、县志、历年统计年鉴、政府文件（如旅游企业资料、村镇财务收支报表等、三亚政报）、调查材料（各旅游相关企业的介绍性资料，如京润珍珠发展简介、春光集团发展简介等）、统计数据（田独镇六盘村农村统计报表，文昌东郊镇农村统计报表）、规划文本（三亚市旅游规划、东郊椰林旅游总体规划说明书、海南省旅游发展总体规划纲要、田独镇土地利用总体规划、海南省土地利用总体规划、海南省文明生态村建设规划、海南生态省建设规划纲要、历年海南省经济和社会发展统计公报、历年生态省建设工作总结）、报纸杂志（海南日报、三亚晨报等）、地图信息。

通过当地的图书馆、研究中心、研究协会、书店获取了一定的关于海南研究的相关文献资料。

### 3.3.1.2　一手数据的收集

实地研究是深入到研究对象的生活背景中，以参与观察和非结构访谈的方式收集资料，并通过对这些资料的定性分析来理解和解释现象的社会研究方式（风笑天，2001）。本研究在实地研究中的调研手段包括观察法和访谈法。

（1）观察法。正式的观察需要研究者在一定的时间内实地测量某些行为的发生率。

本研究主要采用实地考察的方式对资源利用的分类结构进行测量与修正，对土地利用和各阶层人民生活及游客行为方式进行直接理性感受，从而逐步理顺旅游发展与区域发展之间的关系、机制等。在实际的运用中主要体现在对东郊椰林、田独镇新红村的土地利用结构和土地性质的观测。

（2）访谈。访谈分为三类：①开放性访谈；②有重点的（半结构性）访谈（Merton and Fiske，1956）；③结构性访谈。

关键人物访谈是非常重要的，因为主要的信息提供者对案例研究的成败至关重要，他们向案例提供的不仅是关于某一问题的见解，也有相关与相反的资料来源，还会帮助研究者获取这些资料（Yin，1994）。本研究主要的访谈对象包括政府官员、企业、学者、社区、游客等。根据可进入性以及滚雪球抽样的方式来选取访谈对象。访谈过程在取得访谈对象的同意下进行了录音，其中 1 小时以上的深入访谈 103 人、123 次。在调研过程中，参加东郊椰林当地村民的朋友聚会 1 次，参加田独六盘村的新屋建成喜宴 1 次，在酒席中获取了大量资料。访谈对象如表 3.2 所示。

表 3.2　　　　　　　　　　　访谈人员列表

| 类别 | 人数 | 次数 | 访谈人员 |
|---|---|---|---|
| 省、市政府 | 11 | 18 | 省国土资源厅、省旅游发展委、农业厅企业发展处，三亚市旅游局、国土资源局等 |
| 基层政府 | 19 | 24 | 东郊镇政府、国土所，田独镇政府、国土所，建华山村书记、妇女主任，六盘村文书，上廖村村书记、三公村村长、大学生村官 |
| 大型旅游业管理层 | 5 | 7 | 百莱玛度假村、春光集团、三亚百越风情园等 |
| 大型旅游业员工 | 13 | 15 | 百莱玛度假村，三亚百越风情园，亚龙湾景区、酒店等 |
| 小型旅游企业 | 20 | 22 | 家庭旅馆、手工艺品店、海鲜酒家、拉客仔、超市、农家乐等 |
| 游客、学者 | 8 | 8 | 中国热带农业科学研究院椰子研究所，亚龙湾、东郊镇游客等 |
| 旅游相关产业 | 7 | 11 | 椰壳加工、椰棕加工，珍珠加工与销售，海鲜养殖等 |
| 村民 | 20 | 20 | 东郊镇建华山村，田独镇六盘、上廖 |
| 总计 | | | 103 人/123 次 |

## 3.3.2　资料分析

使用内容分析法对资料进行分析。内容分析法用于考察社会人文事实，内容分析包括利用企业资料，分析企业发展的进程；利用政府资料分析政府的政策导向；利用媒体资料分析舆论导向；利用社区资料分析社区与旅游发展之间的联系；利用历史照片或图片资料观察土地利用和资源利用的变迁过程；利用历史/比较分析法，通过比较正规部门和非正规部门的历史事件和历史过程来发现旅游发展的一般模式。

对访谈资料进行分析的过程中，首先对访谈对象进行了编码。编码分为三部分：第一部分是受访者的地理位置，第二部分为受访者的特征，第三部门为受访者的序号。地理位置的编号有三种：T 为海南省田独镇，D 为海南省文昌东郊椰林，S 为海南省其他地区。受访者的特征按受访者的职位分为9 种，PG 为省政府人员，SG 为市政府人员，BG 为基层政府人员，BM 为大型旅游企业管理人员，BE 为大型旅游企业员工，SE 为小旅游企业人员，SR 为旅游相关企业人员，LP 为村民，TS 为游客和专家学者。

资料分析信度和效度是实证研究的关键。从信度来讲，首先包括程度信度。即访谈获取资料的信息准确性问题。材料和程序的可依靠性（dependability）是评价定性研究的信度的关键（陈向明，2002）。要做到这点，需要：（1）阐明所收集的材料中哪些是被研究者的命题和哪些是研究者的分析和解释；（2）阐明田野研究和访谈程序以及分析程序中的培训和检查工作，以增加不同访谈员或观察员的行为的可比性；（3）对整个研究程序进行记录（Kirk and Miller，1986）。这一分析步骤将在之后的案例分析中不断贯彻。

但是从访谈中获取的资料，其可信度本身就存在问题。如"什么时候发生"只是研究者出于自己的研究兴趣而产生的一种追问，对于村民当下的现实生活并无任何意义（张骁鸣，2011）。因此，在通过访谈对村民获取的资料中，通常会出现时间久远而将年份和事件具体出现的过程混淆的例子。在村民普遍的"记忆"模式中，或者在其思维习惯当中，事件的先后顺序（即"相对时间"）是重要的，而时间的精确位置（即"绝对时间"）就没有那么重要了（张骁鸣，2011）。

当我们需要对时间较为久远的事件进行还原时，"三角交叉"① 是保证定性研究效度的一种有效途径。如在东郊椰林的案例中，由于事件发生在

---

① 三角交叉法的意义在于使用多于一种的资料、方法、研究者、理论、分析，以研究同一个现象。方法有五个分类即：资料三角交叉、方法三角交叉、研究者三角交叉、理论三角交叉及分析三角交叉。三角交叉若使用得当可提升研究结果的完整性及整体性。

20 世纪 90 年代或更远的时间，被访者对时间产生了混淆，因此，在对被访者提供信息进行总结的同时，统计数据、史志、地方志、新闻报道等二手资料从正面或侧面为历史进程时间的确立与还原提供了有效的帮助。

通过多种资料来保证研究效度为"材料三角交叉"，三角交叉法同时还包括"理论三角交叉"。理论三角交叉指从多重的视角和假设来分析材料，通过并排各种理论观点而评估它们各自的效用和解释力。因此，本书中案例研究的访谈提纲与观测对象均根据已有的文献来设定，并利用已有的理论对案例进行解释。

# 3.4 研 究 框 架

本书的研究框架如图 3.1 所示。

具体的研究框架如下：

第 1 章 引言部分为问题的提出。从实践背景和理论背景进行分析，提出本书的具体研究问题、本研究与已有理论研究的关系以及本研究在理论谱系中的定位和实践意义。

第 2 章 理论综述。围绕本书研究的问题，综述前人已有的研究进展和相关结论，并与旅游地发展的实际情况相结合，初步构建本书的理论基础。

第 3 章 研究设计。界定本研究的基本范围、研究问题、研究目的和研究对象。确定本研究的研究方法（研究工具和资料的选择，包括资料的收集和处理）和研究框架。

第 4 章 案例地简介。简单叙述案例地旅游发展的基本历程和案例地概况。

第 5 章 定量分析。利用定量研究对旅游发展对区域发展带来的影响进行量化分析。通过定量研究与理论综述相比较，将旅游发展对目的地产生的影响量化。以定量分析的结论作为定量分析的基础。

第 6 章、第 7 章 案例分析。利用理论综述对案例地旅游发展所产生的影响进行分析，利用定性的案例研究来佐证定量分析的结论，或者对定量研究中出现的不合常理的结论进行解释。

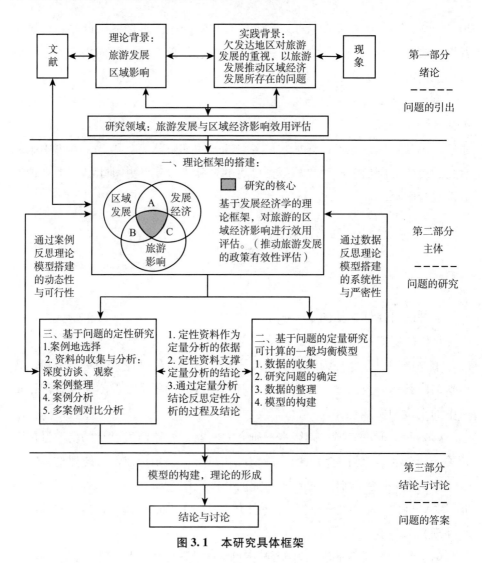

图 3.1　本研究具体框架

第 8 章　结论与讨论。旅游发展模型的构建。通过案例的分析和定量的研究两方面的研究结论共同确定旅游发展对目的地区域发展所产生的影响，对旅游发展对区域发展所可能带来的影响进行分析，并给出一定的政策建议。对本书的研究贡献进行总结，对本研究的有效性进行讨论，并展望将来的研究道路。

# 第 4 章

# 海南旅游发展背景

本章对海南旅游业发展的政治经济环境背景进行全面的分析，以助于对海南旅游发展区域影响的更为深入的理解。本章从海南旅游发展的历程开始切入，然后对发展过程中所处时代的政治经济环境进行了分析，找出旅游发展历程的影响因素，得出了海南旅游发展的基本模式。

## 4.1 海南发展阶段划分

海南省位于中国最南端，地处热带北缘，位于北纬 18 度到 20 度之间，北以琼州海峡与广东划界，西临北部湾与越南民主共和国相对，东濒南海与台湾省相望，东南和南边在南海中与菲律宾、文莱和马来西亚为邻。年平均气温为 22.8 度左右，年日照时数 1832～2558 小时。海岸线长度 1928 公里，森林覆盖率 57.1%，红树林 3900 亩，拥有大量的旅游资源。[①]

纵观海南改革开发之后 30 年的发展，发生了三次大的事件：第一次为 1984 年"汽车热"，第二次为 1993 年的"房地产热"，第三次为 2010 年的旅游度假区热潮。这三次事件发生的背后均伴随着重要政策的颁布或领导的变迁。政策与经济的发展共同决定了旅游发展的路径。

---

① 海南省统计局. 海南统计年鉴 1987～2009. 中国统计出版社，1987～2009.

　　政策、经济与旅游的推动呈现出：市场开放——经济发展——旅游发展的趋势。在改革开放之后，海南就一直作为中国市场经济改革的试验地，主要的政策与影响如表 4.1 所示。图 4.1 为海南省 1987～2010 年历年接待国内游客人数，图 4.2 为海南省 1987～2010 年历年接待过夜入境游客数量，图 4.3 为海南省 1982～2007 年历年实际生产总值及其增长率，图 4.4 为海南省 1982～2004 年历年建筑业增加值及其增长率，图 4.5 为海南旅游发展概述。可以看到海南的政策呈现出一步步开放市场的趋势，经济持续发展。由于海南省自然资源禀赋、地理位置条件的特殊性，旅游发展一直是经济政策的焦点，但每次政策所带来的发展并不是从旅游业开始。在每次的加快经济发展的政策出台后，快速发展起来的总是可以立即看到收益的行业，而旅游业只是在收益迅速的产业受到抑制之后才开始受到重视。例如，第一次为汽车热事件，汽车热被制止之后，旅游发展被提升至重要层面，第二次为房地产热，房地产热被控制之后，旅游业在再被强调，第三次国际旅游岛建设意见出台，同样带来了房地产的迅速发展，在地产热的带动下，高星级酒店扩张迅速。可见，旅游业并不是发展的最优选择。

表 4.1　　　　　　　　　　　　海南发展政策概要

| 时间 | 政策名称、事件 | 经济发展相关内容 | 对旅游发展的影响 |
|---|---|---|---|
| 1980 年 | 国务院和广东省政府《海南问题座谈会纪要》 | 调整海南岛上的军事部署，要求军队支持地方的改革开放 | 形成了海南岛最初的一批旅游景点，如三亚鹿回头公园，当时被定位为"椰梦长廊"的三亚湾等 |
| 1983 年 | 《加快海南岛开发建设问题讨论纪要》（中央11 号文件） | "海南可以采取各种可能方式同外商合作发展旅游业，同外商合资合作的旅游项目所需进口器材设备、物品免征关税" | 第一次"海南热"。1983 年 4～5 月一个月内，海南接待外商港商考察团 80 多人。在 1983 年 4 月到 1985 年 3 月，两年中，海南接待了两万多的"大陆客"和"探亲客"。其中有七千多名大陆中青年干部和大学生要求调海南工作 |
| 1984 年10 月 | 海南行政区人民政府成立 | 大力引进资金、引进技术、引进人才、引进项目。解放市场，放宽政策，放开市场，鼓励单位和个人经商，积极发展商品经济 | "汽车事件"。由于产业发展带来的商务游客大大促进了旅游业的发展，包括饭店、住宿业、旅游商品、旅游度假区、旅游景区等产业在内的旅游发展规模初步形成 |

| 时间 | 政策名称、事件 | 经济发展相关内容 | 对旅游发展的影响 |
|---|---|---|---|
| 1988 年 | 国务院颁布《关于海南岛进一步对外开放加快经济建设的座谈会纪要》,《关于鼓励投资开发建设海南岛的规定》《关于设立海南省的决定》,《关于建立海南经济特区的决议》通过,海南建省。《海南经济发展战略》定稿 | | 委托上海同济大学风景旅游研究中心拟定《海南省旅游发展战略及风景区域规划》。海南建省、三亚升格为地级市之初,三亚市委、市政府将城市发展定位为"重点发展旅游业和高新技术工业的热带滨海风景旅游城市"《战略》中提出,将海南建成"国际旅游中心"许世杰主张发展:文化旅游以及保护环境(陈克勤,2008) |
| 1989 年 | 洋浦风波 | | 工业化发展受阻 |
| 1992 年 | 邓小平南方谈话 | 市场经济快速推进 | 房地产快速发展。亚龙湾成为全国首批 12 个国家旅游度假区之一 |
| 1993 年 6 月 | 国务院发布《关于当前经济情况和加强宏观调控意见》(通称"国 16 条") | 严格控制信贷总规模、提高存贷利率和国债利率、限期收回违章拆借资金、削减基建投资、清理所有在建项目 | 房地产泡沫迅速破灭。提出以发展旅游业为龙头的调整产业发展的战略。积极推进企业股份制改革。撤销了海南岛上的所以道路关卡。《海南省旅游发展规划大纲》出台,确立了 10 个国家级和省级重点旅游开发区,在建项目 46 个 |
| 1998 年 | 杜青林上任海南省委书记 | 省委省政府提出建设"生态省"的建议 | 大力推进生态旅游。2003 年,打造"健康岛" |
| 1999 年 | 烂尾房清理 | | 酒店数量迅速减少 |
| 2003 年底 | 中国海洋石油有限公司董事长兼首席执行官卫留成任海南省委副书记、省长 | 提出了"大企业进入、大项目带动"的战略 | 工业迅速发展。大力推动"海棠湾项目"和"神州半岛"。喜达屋、万豪、洲际、希尔顿、文华东方、悦榕庄、凯宾斯基等近 20 家国际著名酒店管理团体旗下的 30 多个酒店品牌陆续进驻三亚 |

| 时间 | 政策名称、事件 | 经济发展相关内容 | 对旅游发展的影响 |
|---|---|---|---|
| 2009 年 12 月 | 《国务院关于推进海南国际旅游岛建设发展的若干意见》印发 | 坚持国际标准，打造精品。坚持大产业布局、大企业进入、大项目带动，积极培育本土特色品牌，加快引进国际知名品牌 | 大量的度假区开发，如三亚红塘湾旅游度假区、太阳湾高级度假区、半岭温泉疗养度假区、泛南山国际旅游区等；一线滨海地区大规模开发，如海棠湾、清水湾、香水湾、石梅湾、土福湾、红糖湾、坎秧湾等；大量的高星级酒店的进入，如三亚海棠湾旅游酒店建设项目总投资达 95.9 亿元，目前已引进的酒店有开维凯宾斯基酒店、理文索菲特酒店、香格里拉大酒店等 11 家酒店 |

注：由作者根据相关资料整理。

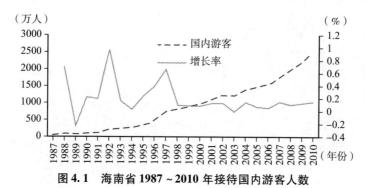

**图 4.1　海南省 1987～2010 年接待国内游客人数**

资料来源：历年海南省统计年鉴。

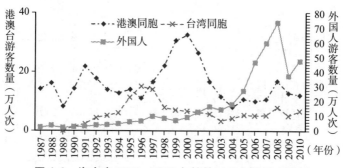

**图 4.2　海南省 1987～2010 年接待过夜入境游客数量**

资料来源：历年海南省统计年鉴。

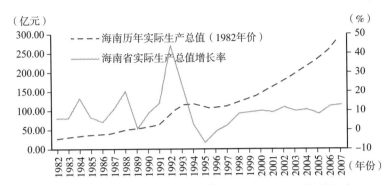

**图 4.3　海南省 1982～2007 年历年实际生产总值及其增长率**

资料来源：历年海南省统计年鉴。

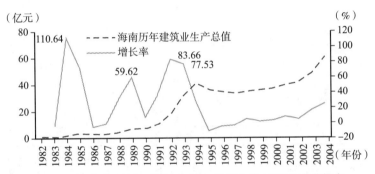

**图 4.4　海南省 1982～2004 年历年建筑业增加值及其增长率**

资料来源：历年海南省统计年鉴。

　　第一次汽车热是改革开放后自由市场开始逐步推广的产物，第二次房地产热是海南建省和建经济特区的产物，第三次旅游度假区热潮则是 2003 年卫留成出任海南省省长之后大力推行"大企业进入，大项目带动"发展战略的产物。将政策的颁布或领导的变迁的时间点作为各阶级划分的临界点，海南的发展可以分为三个阶段：第一阶段是 1978～1988 年，为改革开放与汽车热阶段，第二阶段是 1988～2003 年，为海南特区与"房地产热"阶段，第三阶段是 2003 年至今，为大项目带动与旅游度假区发展阶段。

　　海南岛旅游发展在改革开放初期迅速发展，2000 年之后则一直处于全国落后水平。

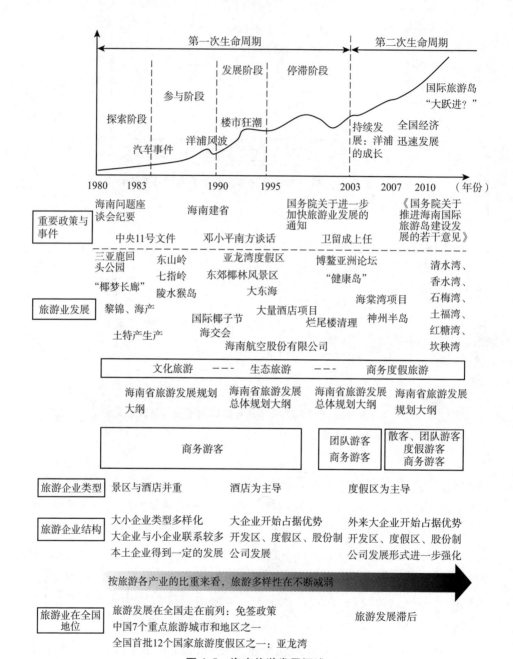

图 4.5　海南旅游发展概述

# 4.2   改革开发与汽车倒卖热阶段

## 4.2.1   政策出台与汽车倒卖热

1980 年 7 月 24 日，国务院批转《海南问题座谈会纪要》之后，海南经济开始初步发展。形成了海南岛最初的一批旅游景点，如三亚鹿回头公园、当时被定位为"椰梦长廊"的三亚湾等。

1983 年《加快海南岛开发建设问题讨论纪要》中放宽了海南的对外贸易与合作，"海南可以采取各种可能方式同外商合作发展旅游业，同外商合资合作的旅游项目所需进口器材设备、物品免征关税"。这一政策的出台直接促成了第一次"海南热"。1983 年 4～5 月一个月内，海南接待外商港商考察团 80 多人，超过了之前几年接待外商港商的总和（陈克勤，2008）。在1983 年 4 月到 1985 年 3 月两年中，海南接待了两万多的"大陆客"和"探亲客"，其中有七千多名大陆中青年干部和大学生要求调海南工作，这可以看作是海南第一次的旅游热潮。

然而，这种贸易的开放，使得海南获得了政策寻租的机会。寻租直接表现在进口汽车的倒卖。当时，只有海南拥有免关税进口"旅游项目所需进口器材设备、物品"的权利。在物质普遍稀缺的情况下，通过免关税进口，然后高价卖出，从中获取暴利成为了当时的海南岛上大部分企业和民众获取收入的主要途径。而由于汽车的高利润率，其成为了倒卖的主要物品。从1984 年 1 月到 1985 年 12 月，海南共批准进口免税汽车 89000 辆（实际到货 79000 辆），总价值超过 10 亿美元，而 1984 年海南全年的生产总值才 37.18亿元。

这一行为大幅度降低了我国的外汇储备。1985 年初中央和广东省组成联合工作组到海南调查处理"汽车事件"，第一次"海南热"结束（陈克勤，2008）。

## 4.2.2　汽车倒卖热结束与旅游业发展

虽然汽车热十分短暂，但是也促进了海南人力资本的积累，外商的进驻为海南引进资金项目作出了贡献。整体经济很快就走出汽车热的阴影，1986～1988 年经济持续发展。商业的发展带来了商务游客，大大促进了第三产业的发展，到 1986 年，海南第三产业增加值为 11.56 亿元，占到了 GDP（46.15 亿元）的 25%，第三产业的发展已经超过了第二产业，同时水产品、猪和猪肉的销售分别从 1982 年的 37650 吨和 16481 吨上升到 1986 年的 73350 吨和 36966 吨。海南岛的交通运输业迅速发展，进而促进了旅游业的发展，包括饭店、住宿业、旅游商品等。1987 年接待游客 75 万人次，其中入境游客 17.3 万人次，旅游发展水平在全国处于中上等水平，1988 年国内游客人数增长率为 69.8%，进入第二个旅游增长高峰期。

旅游业开始呈现出多样化的势态。在 1983 年之前，海口仅有建国饭店和华侨宾馆，而之后，海口的琼苑宾馆、金融大厦、泰华宾馆、华侨饭店、南天大酒店、海口宾馆、望海楼宾馆、五指山大厦，海南国宾馆，以及兴隆农场的兴隆温泉度假村，三亚的大东海宾馆，通什度假村、通什旅游山庄等逐步建设。三亚的鹿回头宾馆也进行了修葺。同时基础设施得到了完善，东线、中线和西线公路铺上了水泥和柏油，南渡江大桥建成，机场跑道扩建等。土特产生产开始产业化发展，如椰子、海产品、贝类工艺品、五指山的茶叶、藤器、少数民族饰品、黎锦、琼脂等，由分散在全岛各地的乡镇企业、手工作坊生产出来后，集中到海口、文昌、琼海、兴隆、三亚、通什、儋州等旅游人气旺的地方销售，有些还运到岛外（陈克勤，2008）。

## 4.2.3　旅游发展与文化旅游

在旅游业稳步发展的情况下，旅游业的多样性凸显，海南文化在旅游发展中的地位不断被强调。1988 年《海南经济发展战略》中提出，将海南建

成"国际旅游中心"，当时的海南省第一届省委书记许世杰开始主张发展文
化旅游，重视环境保护。

## 4.3　海南特区与房地产开发热

### 4.3.1　海南建特区与房地产开发热

在《关于建立海南经济特区的决议》通过的同时，国务院颁布《关于
海南岛进一步对外开放加快经济建设的座谈会纪要》《关于鼓励投资开发建
设海南岛的规定》等一系列促进海南经济开发的政策，在这些政策的鼓励
下，政府开始大力招商引资，大量的资本和外商进入海南。

1992 年，邓小平南方谈话，自由市场的氛围渐浓，在对经济发展的迫
切需求之下，资金回笼迅速的房地产业受到了广泛的推崇，建筑业飞速发
展，1992 年与 1993 年建筑业产值的增长率分别为 83.66% 和 77.53%，1992
年海南实际生产总值增长率达到 44.2%。

这一时期产业的发展吸引了大量的商务游客进入，1990 年和 1991 年外
国游客数量连续两年急速上升，增长率分别为 70.7% 和 46.9%，1992 年接
待国内游客人数同比上升 95.2%，推进了旅游业的发展；另外，对旅游产
业的招商引资，吸引了大量的旅游资本进入，在"楼市狂潮"中，大量的海
滨旅游风景地，被宾馆、饭店和房地产工程所占据。1988 年委托上海同济
大学风景旅游研究中心拟定《海南省旅游发展战略及风景区域规划》，旅游
大企业开始占据优势。1992 年，亚龙湾成为全国首批 12 个国家旅游度假区
之一，之后度假区的模式得到推广。海南省开始积累规模化发展的经验。在
"楼市狂潮"中，也有大量的海滨旅游风景地，被宾馆、饭店和房地产工程
所占据。

### 4.3.2  房地产泡沫破灭与旅游业发展

房地产的过快发展引起了国家的重视，国务院发布《关于当前经济情况和加强宏观调控意见》，严格控制信贷总规模、提高存贷利率和国债利率、限期收回违章拆借资金、削减基建投资、清理所有在建项目。在银根收紧的情况下，房地产泡沫迅速破灭。经济迅速回落，1994~1997 年，经济增长率近似于 0。经济发展进入停滞阶段。

这时候，以发展旅游业为龙头的调整产业发展战略提出。积极推进企业股份制改革并撤销了海南岛上的所有道路关卡。《海南省旅游发展规划大纲》出台，确立了 10 个国家级和省级重点旅游开发区，在建项目 46 个。1995 年开始规划建设三亚南山文化苑和博鳌水城等景区。大企业开始占据优势，开发区、度假区、股份制公司得到发展。

这段时期旅游业得到了又一次的发展，大量目前正在运营的旅游企业为这段时期的产物。这些旅游开发区，大多在房地产泡沫破灭之前已经立项或签订了开发合约，房地产破灭之后，开始成为地区发展的重点。一大批酒店在这段经济最低迷的时期完工投产，如作为我国第一家五星级度假酒店落户在亚龙湾的三亚凯莱酒店，也带来 1997 年旅游业的又一次高峰期。海南省接待的国内旅游人数再一次呈现出飞速发展的局面，增长率为 65.9%，1996~2000 年港澳地区游客也一直呈上升趋势，到 2000 年，港澳地区游客的数量达到顶峰，台湾地区游客数量达到史上最高（图 4.1）。

但 2000~2003 年，由于政府开始对房地产业的烂尾楼进行清理，旅游业发展呈下降的趋势，旅游企业数量在 2000~2001 年间迅速回落，减少了大约 1/3。

### 4.3.3  旅游发展与生态旅游

在整体经济放缓、旅游业发展停滞的情况下，1998 年海南省委省政府提出建设"生态省"的建议，大力推进生态旅游，2003 年提出打造"健康岛"的旅游概念。

## 4.4　大项目带动型发展战略与国际旅游岛

### 4.4.1　大项目带动与旅游业发展

2003 年底，中国海洋石油有限公司董事长兼首席执行官卫留成任海南省委副书记、省长，提出了"大企业进入、大项目带动"的战略。洋浦工业区迅速成长，大量的大型工业企业进入。大力推动"海棠湾项目"和"神州半岛"。在 2008 年之前，海南经济整体平稳发展，游客数量、旅游企业数量和利润稳步上升。2008 年之后，海南省发展进入大推进时期。

客源稳步增长，开始在俄罗斯等国家进行市场营销，外国游客以 30% 的速度上升。从客源来看，国内游客稳步增长，外国游客主要集中在俄罗斯、日本、韩国、马来西亚、新加坡、美国与德国。

旅游企业利润呈上升趋势。除旅游景区以外，旅游企业在 2007 年之前的利润基本为负值，即处于亏损状态。国际旅行社在 1999 年和 2004 年分别有 7977 万元和 3496 万元的盈利，其余时间则基本处于保本经营状态，但从时间的维度来看，利润呈现出上升的趋势。2007 年之后旅游景区的利润在 2007 年与 2008 年以成倍的速度增长，2008 年收入为 2.5 亿元。饭店业 2008 年开始扭亏为盈，总计盈利 5.81 亿元，其中内资饭店占约 2/3。

### 4.4.2　旅游发展与旅游度假区

在海南省政府对"国际旅游岛"建设的不断推进下，旅游企业数量开始上升。2008 年之后，旅游业进入高速发展期，在前一阶段所积累的度假区开发经验开始推广，大量的国际酒店开始进入。高速主要表现为大量高星级酒店的建设和度假区模式的快速推广。一线滨海地区大规模开发，如海棠湾、清水湾、香水湾、石梅湾、土福湾、红糖湾、坎秧湾等；大量的高星级酒店的进入，如三亚海棠湾旅游酒店建设项目总投资达 95.9 亿元，已引进的酒店有开维凯宾斯基酒店、理文索菲特酒店、香格里拉大酒店等 11 家酒店。

在海南省新农村建设总体规划中，984 平方公里的东部滨海地区被规划为旅游发展与历史文化保护空间，东部海岸线再难看到原生态海景。

# 4.5 本 章 结 论

从旅游政策来看，旅游发展的关键词从文化旅游到生态旅游向国际旅游岛转变。从对旅游发展的态度来看，旅游发展从最初的第一届省委书记所强调的文化旅游，到后来所推崇的生态旅游，到卫留成上任之后的国际旅游岛，旅游发展的经济倾向在一步步加重。海南旅游发展从最开始的倡导文化，到倡导环境的保护、倡导生态旅游，到走上了以经济发展为目标的道路。

产业的多样性也在逐步降低。从发展的主要思路来看，引入资本、引入项目、引入企业一直是主要的经济发展策略。但在 20 世纪 80 年代的旅游发展中，旅游产业发展较为均衡、多样化，在后来的发展中，酒店与度假区开发成为了主要的发展模式。从最初大小企业的多样化发展，到之后大企业开始占据优势，到目前的度假区发展模式，旅游对外来资本的依附性在不断加强。

旅游发展从最开始的走在全国经济发展的前列，到后来一蹶不振，在这一过程中是旅游业影响了当地经济的发展，还是旅游业只是经济发展的被影响者？依托"大企业进入，大项目的投资"的旅游发展模式是否可以挽救海南落后的经济面貌？后续章节中，我们分别通过数据的定量分析以及案例研究来进行详细分析。

# 第 5 章

# 旅游发展的区域经济影响评估

海南每次的大发展，均伴随着建筑业的快速发展，这一特征在旅游业中表现为高星级酒店的迅速增长。本章基于 2007 年海南省投入产出表，利用 CGE 模型分析海南酒店业迅速发展对经济中各主体部门所产生的影响。研究的结果表明，酒店业投资的增长带来了经济的整体扩张，加剧了资本和劳动力发展的不平衡，产业间不平衡限制了酒店业的正面带动效应。酒店业的超速发展对政府调控带来考验。

## 5.1　国际旅游岛背景下的海南旅游业发展

旅游业自改革开放以来一直是海南省的重要产业，2009 年底，国务院关于海南岛"建设国际旅游岛"意见的颁布，使旅游业的重要性进一步凸显。

关于国际旅游岛的建设意见并不是一个临时的决议，在国务院颁布正式的意见之前，海南省就一直在大力推动该进程。2007 年 4 月，海南省政府就正式向国务院行文申请设立海南国际旅游岛综合试验区。2008 年 3 月，国务院办公厅以《关于支持海南省发展旅游业有关问题的函》函复海南省政府，原则同意海南进一步发挥经济特区优势，在旅游业对外开放和体制机制改革等方面积极探索，先行试验；要求国务院各有关部门对海南发展旅游业给予大力支持和帮助；给予海南在海口、三亚、琼海、万宁四市各开办一家市内免税店等更加开放的旅游政策。

在政府的大力推进下，旅游业迅速发展。主要表现在两个方面：从客源来看，从 2003 年开始俄罗斯、亚太等地的入境游客不断增加；从供给层面来看，酒店业固定资产投资，从 2008 年开始大幅度上升。2007 年酒店业固定资产原值为 1052868.18 万元，到 2008 年迅速上升至 1563847.54 万元，上升幅度达 50%。2008 年海南全省生产总值为 1368 亿元，单酒店业的固定资产投入就占到了 GDP 的 3.7%。其他旅游相关产业变动则较少[1]。

2007 年三亚市固定资产投资中有 1/4 为用于酒店建设，1/2 为房地产建设。2008~2010 年三亚市建设工程规划审批面积（如表 5.1 所示）超过一半批给了住宅，1/3 批给了旅游度假产业。2009 年末全省共有星级宾馆 235 家，其中五星级宾馆 20 家，四星级宾馆 54 家，三星级宾馆 110 家。2006 年底五星级宾馆仅为 13 家，四星级宾馆 55 家，三星级宾馆 115 家。可以看到，五星级酒店大量上升。

表 5.1　　　　　　三亚市 2008 年 5 月至 2010 年 11 月各
类型建设工程规划审批面积　　　　　单位：万平方米

| 年份 | 住宅楼 | 综合楼 | 行政办公 | 商业金融 | 旅游度假 | 医疗卫生 | 教育科研 | 村镇建设 | 公共用地 | 市政设施 | 特殊用地 | 交通用地 | 工业用地 | 合计 |
|---|---|---|---|---|---|---|---|---|---|---|---|---|---|---|
| 2008 | 152 | 8 | 1 | 7 | 85 | 0 | 7 | 1 | 0 | 2 | 0 | 0 | 12 | 275 |
| 2009 | 126 | 4 | 4 | 2 | 53 | 0 | 14 | 0 | 1 | 22 | 6 | 1 | 0 | 234 |
| 2010 | 122 | 1 | 3 | 7 | 66 | 0 | 5 | 0 | 0 | 1 | 0 | 1 | 2 | 208 |

注：其中 2008 年仅包括 2008 年 5~12 月，2010 年仅包括 1~11 月。
资料来源：三亚规划建设信息网[2]。

统计数据中仅能显示已经获得星级资格的酒店，但是，从相关报道中，可以看到，新增的五星级酒店远远不止 7 家。2009 年，正在评定的五星级

---

① 中国国家统计局. 中国旅游统计年鉴（1999~2009）. 北京：中国旅游出版社，1999~2009.

② 三亚规划建设信息网，2008 年 5 月至 2010 年 11 月各月份建设工程规划报建审批表. 2011-08-24. http://www.sanyaup.com.cn/chms_list.asp?action=more&c_id=71.

酒店达约 20 家①,三亚仅海棠湾就有 14 家"超五星级酒店"开工。在固定资产投资迅速增加的背后,是资本投入的不断追加,资金的大量流入海南。

高星级酒店的迅速发展到底会对目的地的发展产生什么影响,这种资本驱动型的经济究竟是否会促进当地的可持续发展,其影响机制如何?目前相关的学术研究还较为缺乏,但政府、企业、媒体对此进行了大量的分析,这是一个广受关注的话题,本研究试图利用一般均衡理论进行分析,并通过一般均衡理论建模得到具体的影响,通过数据对理论的整合对其影响进行辨析。

## 5.2 面向旅游业发展影响评估的 CGE 模型

### 5.2.1 CGE 模型的应用

由于计算的复杂性,一般均衡长期以来都是以理论的形式存在。直到 20 世纪 60 年代计算机产生之后,一般均衡才开始被量化,在一般均衡理论的基础上产生了可计算的 CGE 模型,也有文献中称之为 AGE,两者没有实质上的差异),并受到了各国学者的推崇。由于 CGE 能细致描述各经济主体之间的联系,以及经济中生产、消费、分配与价格之间的相关作用,因此被广泛应用于政策的经济影响分析中。

模型将市场、消费和分配的行为表现为了一组线性方程组,模型假设目前的经济处于一般均衡状况,通过消费者及生产者的最优化行为来调整经济体系中每个产品市场和生产要素市场的需求量和供需量。模型分析的主体包括生产活动、商品、劳动力、土地、资本、技术、企业、居民、政府、库存、出口、进口。通过市场出清、宏观闭合等条件来实现模型的可计算性。

---

① 周慧敏,赵叶苹. 海南:还能承载多少五星级酒店? 新华网海南频道,2009 - 06 - 12/2011 - 08 - 24. http://news. xinhuanet. com/focus/2009 - 06/12/content_11506920. htm.

基于这些特性，CGE 有助于区分旅游对产出、收入和就业所产生的净效应和总效应。利用 CGE 可以对旅游业对消费者、生产者、投资者、以及政府等经济主体所产生的影响进行细化分析，可以对政府的政策或特殊事件所产生的影响进行清晰分析，同时还可以从供给和需求层面更真实地呈现经济发展中所受到的约束。

国际上，1982 年世界银行的德尔维和梅洛等（Dervis and Melo et al.，1982）就对一般均衡理论建模进行了完整的梳理，给出了一般均衡模型的理论模型。美国的研究者 1994 年利用 GEMS（一般代数建模系统）软件建立了 CGE 的核心模型（Rutherford，1994），澳大利亚的研究者（Dixon and Parmenter et al.）在 1997 年开发了一般均衡模型的建模软件 ORANI，之后对其不断完善成为目前广为使用的 GEMPACK 软件，GEMPACK 的出现使得 CGE 模型变得极具操作性，使其建模和计算过程不再成为初级研究者的阻碍。同时 GTAP（Global Trade Analysis Project）（Hertel，1997）的开发，为全球一般模型的建立完善了数据，目前大量的研究从 GTAP 中获取参数和一般的数据。在这种情况下，利用 CGE 的核心模型、一般的投入产出数据和参数建立的基本的 CGE 模型，在理论和数据上已经很难有创新性的贡献。

CGE 模型在中国的应用始于 20 世纪 90 年代。中国科学院和上海社科院在 1997 年开发了一个 10 部门的中国 CGE 模型，国务院发展研究中心在这一基础上进行了新的研究。目前，CGE 模型在中国已经得到了广泛的应用，主要的研究者包括湖南大学的胡宗义、刘亦文，国务院发展研究中心李善同等，中国科学院农业政策研究中心杨军等，中国人民大学的庞军、邹骥等。2007 年之后，大量关于 CGE 模型的书籍出版。

2010 年，中国 CGE 模型理论与应用基本臻于完善。其中，在理论研究方面，张欣（Gene H. Chang，2010）对可计算一般均衡模型的基本原理与编程进行了细致与明了的讲解与分析；在模型应用方面，李善同（2010）则对利用 CGE 模型对中国各方面政策的经济发展影响研究的文章进行了汇编，相关政策包括加入 WTO、税收改革、金融改革、服务业改革、关税配额、养老保险、能源税、基础设施改革、水电资源、劳动力、产业结构变化等。

　　旅游研究中 CGE 模型的应用也开始涌现。宋涛、牛亚菲（2008）对国外基于 CGE 模型的旅游经济影响评价研究进行了综述。黎洁、韩飞（2009）与左冰、保继刚（2010）分别利用 CGE 模型对入境旅游和旅游基础设施建设的影响进行了分析。但相对于国外研究或正统的经济学者的研究而言，旅游中关于 CGE 模型的应用停留在利用最基本的模型给出模型结果的层面，利用 CGE 对旅游对发展影响的系统分析还较为缺乏。

　　国内基于 CGE 的研究主要论证了旅游对经济发展的带动效应。左冰和保继刚（2010）利用 CGE 模型对 2000～2005 年中国国债旅游基础设施投资对于旅游业以及全社会价格水平、总产出、总消费、居民收入、就业以及私人部门投资等方面的经济影响进行了定量研究。研究表明，国债旅游基础设施对于中国旅游业以及社会经济的发展均产生了积极的影响。黎洁和韩飞（2009）建立了一个江苏省 2002 年的 CGE 模型，得出当入境旅游需求分别增长时，江苏省地区生产总值、社会福利均呈增长趋势的结论。

　　缺乏利用一般均衡理论①的分析，以及对由此带来的模型结果局限性的深入讨论。研究者们广为采用的标准 CGE 模型，是否适用于研究中国经济发展也是一个值得关注的问题。基于此，为了更为准确地描述中国市场的情况，李和布莱克等（Li and Blake et al.，2011）构建了不完全竞争情况下的具有中国特色的中国转型期市场经济 CGE 模型，并利用该模型对 2008 年北京奥林匹克运动会的经济影响进行了分析。但总体来看，利用 CGE 对中国旅游发展影响进行研究的还相对较少。

　　在国际上，从 2003 年至今，利用一般均衡理论或模型对旅游影响进行分析的 SSCI 收录英文文章总计 35 篇，主要的研究者最初主要在英国：诺丁汉大学的布莱克（Blake and Arbache et al.，2008）（8 篇），古奥槽（Gooroochurn and Milner，2005）（3 篇），澳大利亚莫纳什大学（Monash University）的福塞斯（Forsyth，2006），以及西班牙阿尔卡拉大学（University of Alcala）的卡洛斯（Carlos），拉拉古纳大学（Univ La Laguna）的阿拉瓦尔兹

———————

　　① CGE 模型本来就是将一般均衡理论通过数据量化，但是在目前的研究，多数关注于模型结果本身，对于本源层面的一般均衡理论的关注较少。·

（Alvarez – Albelo，2009）等人。英国学者主要是利用美国 CGE 研究者基于 GEMS 开发的模型，而澳大利亚学者的 CGE 研究主要是与莫纳什大学的 CGE 建模团队（Centre of Policy Studies and Impact Project）合作，偏向于利用澳大利亚 CGE 研究者基于 GEMPACK 开发的模型。

从研究的区域来看，多数的 CGE 研究者集中于英国和澳大利亚，近年来，亚太地区的 CGE 研究者也开始增多，如泰国的瓦塔纳库拉贾斯和考克斯黑德（Wattanakuljarus and Coxhead，2008），韩国的李等（Lee and Moon et al.，2010），布莱克和李（Li and Blake et al.，2010）合作对中国的情况用 CGE 进行了模拟。

CGE 研究主要关注于外部冲击对整个经济环境所产生的影响。旅游相关的研究包括几个方面的冲击：（1）旅游需求上升所带来的影响，这部分研究是最为典型的旅游影响研究，从 2003 年开始有 10 篇 SSCI 文章研究该类问题，占到总数的了 28.6%；（2）旅游业税收的变化，相关研究 7 篇（20%）；（3）重大事件的影响，6 篇（17%）；（4）气候变化或环境的变化 3 篇；（5）其他的研究包括油价上涨（2 篇）、旅游生产率变化（2 篇）、旅游投资（1 篇）、路桥费（1 篇）、航权开放（1 篇）、产业多样化（1 篇）。

旅游发展的区域经济影响是 CGE 研究的主要领域，但对投资带动型旅游发展区域影响的研究较为缺乏。国际上，旅游的发展主要指由需求增长所带来的发展。相关研究基本与荷兰病的理论相呼应，认为旅游的发展会对工业或农业产生挤出效应。根据荷兰病理论，在旅游业下降的情况之下，其他出口产业可能会有扩张的趋势。潘布迪与麦希（Pambudi and McCaughey，2009）对 2002 年巴厘岛爆炸事件所产生的危机利用多部门的一般均衡模型进行了分析，游客人数的减少使得 GDP 减少，旅游业相关部门和非贸易部门受到的冲击最大，而出口部门和 import-competing industries 有扩张的趋势。

## 5.2.2 一般均衡模型建模步骤

本研究的模型基于标准的 CGE 模型（Lofgren，Harris and Robinson，2001），利用 GEMPACK（Horridge，2005）进行建模。模型建立的步骤如下。

### 5.2.2.1　确立模型研究的经济主体

模型主体包括生产部门、商品部门、要素（劳动力、资本、土地）、居民账户、资本账户、政府、库存、省外账户、外国账户。本研究以省为分析单位，因此进口调整为总调入，细化为国外进口和省际调进，出口调整为总调出，细化为出口和省际调出。

### 5.2.2.2　确立模型结构

模型结构指各主体间的关系是怎样的。包括：①选用什么生产函数和消费函数，以及一般均衡；②确定内生变量与外生变量①。方程结构如图 5.1 所示。

生产函数使用关于生产要素和中间投入的恒替代弹性（CES）生产函数，生产要素之间比例的分配也使用恒替代弹性（CES）生产函数获取。

消费函数先使用克莱因 – 鲁斌（Klein – Rubin）效用方程来区分基本消费与额外消费。该方程认为人的需求分为两种：一种是生存必须的，另一种是给精神带来愉悦的消费。只有额外的消费增加居民消费的效用。选用线性消费系统（LES）来计算居民效用。

调出：生产活动中产出的商品在区域内销售与总调出之间的分配函数为 CET 函数。区域内生产商品在出口和省外调出之间的分配符合 LES 函数。

调入：本地消费和总调入之间的比例符合阿明顿（Armintion）条件，进口与省际调进之间是 LES 函数。商品 a 的价格 PA 由进口商品 a 价格和区域内生产商品 a 价格两者决定。进口价格利用汇率和进口关税转化成本地价格。

政府：政府收入来自税收，政府的支出包括对居民的转移支付以及商品的消费，政府的效益函数是道格拉斯（cobb-douglas）函数。

资本：资本等于政府储蓄与居民储蓄之和。

库存：生产与消费之间的差值。

---

① 通常将这种由不同的外生变量所确定的模型结构叫做模型的宏观闭合。不同的宏观闭合根据相应的经济学理论来命名。主要的宏观闭合包括：主张要素价格内生的新古典主义宏观闭合、主张要素价格刚性的凯恩斯宏观闭合、主张劳动力价格刚性和资本价格内生的路易斯宏观闭合。

一般均衡：指对所有商品均实现市场出清，即存在一个价格向量 P，对所有的商品均有生产与销售相等。理论上，一般均衡也允许一些商品市场上供大于求，不过这些商品的价格必须为 0。

方程变形：数值向百分比转换。为了方便计算，将所有的方程变为百分比的形式，这种变形来自洛夫格伦等（Lofgren et al.）的标准 CGE 模型。

模型的结构如图 5.1 所示。

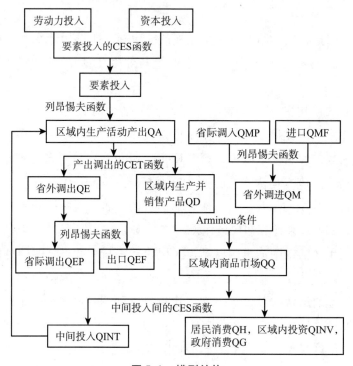

图 5.1 模型结构

### 5.2.2.3 宏观闭合

CGE 的设计要根据研究的问题，依据相应的宏观经济理论，通过内生变量与外生变量的确立，形成特定的结构，模型通过冲击外生变量自动获取内生变量的响应。这一依据宏观经济理论所形成的结构就叫做宏观闭合。

本研究试图分析中国背景下资本投入的影响，因此，模型选用路易斯宏观闭合。路易斯宏观闭合根据诺贝尔经济学奖得主亚瑟·路易斯所描述的发展中国家经济发展的状况所构造。路易斯认为，劳动力价格被固定在较低的水平，劳动力的数量在这个价格水平上的供给量是无限的，即劳动力数据由劳动力价格内生决定，而劳动力价格在外生；发展中国家资本紧缺，因此资本投入外生，资本回报率内生，由资本投入量决定。

　　宏观闭合的具体构造如图 5.2 所示。图 5.2 中椭圆代表内生变量，长方形代表外生变量，箭头表示各变量之间的关系。图中上半部分是利用生产计算的 GDP，下半部分是基于消费计算的 GDP。从生产方面来讲，技术、资本投入与土地投入为外生变量，劳动力数量为内生变量。土地和资本的数量总体上不变，但可以在行业间变化。资本投入的变化对劳动力有挤出效应，同时会促进产业的扩张与发展，劳动力的变化受挤出效应和产业扩张效应两方面影响。另外，资本投入量的变化通过影响资本回报率以及产品价格，改变要素在各产业间的投入，进而改变产业结构。从消费方面来讲，本地人对本地产品的消费总额不变，由于税率外生，政府收入和消费不变，储蓄与库存为外生变量，对外贸易内生决定，主要受各产业产值及价格变化的影响。

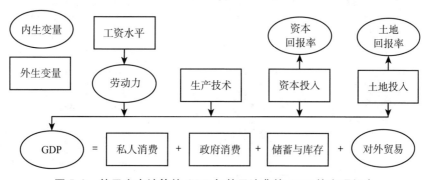

图 5.2　基于生产计算的 GDP 与基于消费的 GDP 的宏观闭合

### 5.2.2.4　数据与参数

　　模型的前提假设、数据与系数均会对模型的结果产生影响。

　　数据主要来于 2007 年海南省投入产出表，为重点突出旅游业的发展状况，投入产出表中的 135 个部门被简化为 25 个部门，其中：5 个农业部门，合并成 1 个部门；海南的工业部门较为单一，按产值来分，主要部门为造纸及纸制品业、石油及核燃料加工业、医药制造业和汽车制造业，其他工业部门，被整合为 1 个部门，统称其他工业；为了细致地分析旅游对能源消耗的影响，保留原来的能源业分类：电力、热力的生产和供应业、燃气生产和供应业、水的生产和供应业；基于目前海南房地产高速发展的状况，保留建筑业、房地产业；为了分析旅游带来的社会影响，保留教育业（包括研究与试验发展业、专业技术服务业、科技交流和推广服务业、教育业），社会保障业（包括社会保障业、社会福利业），卫生业；旅游业相关行业包括铁路运输业、道路运输业、城市公共交通业、水上运输业、航空运输业、批发零售业、住宿业、餐饮业、旅游业（指旅行社业）、娱乐业（包括新闻出版业、广播、电视、电影和音像业、文化艺术业、体育、娱乐业）。关键数据如表 5.2 所示。

表 5.2 　　　　　　　　　2007 年海南省投入产出表关键数据　　　　　单位：万元

| 部门 | 酒店业投入构成 | 酒店业分销构成 | 劳动力投入 | 税收贡献 | 资本投入 | 增加值 | 总产值 |
|---|---|---|---|---|---|---|---|
| 农业 | 0 | 1332 | 2437300 | 0 | 1173400 | 3610700 | 5528738 |
| 其他工业 | 49559 | 25166 | 253319 | 470168 | 433391 | 1156878 | 8320396 |
| 造纸及纸制品业 | 13122 | 127 | 10563 | 74686 | 163887 | 249136 | 716324 |
| 石油及核燃料加工业 | 59605 | 36916 | 41933 | 91446 | 334818 | 468197 | 4032603 |
| 医药制造业 | 0 | 830 | 17431 | 33944 | 95930 | 147305 | 446469 |
| 汽车制造业 | 4503 | 2447 | 44623 | 92093 | 167320 | 304036 | 1295977 |
| 电力、热力的生产和供应业 | 30132 | 7594 | 59056 | 100971 | 264657 | 424684 | 815995 |
| 燃气生产和供应业 | 0 | 347 | 3396 | 8673 | 3707 | 15776 | 80126 |
| 水的生产和供应业 | 3030 | 123 | 17882 | 7717 | −7905 | 17694 | 56159 |

续表

| 部门 | 酒店业投入构成 | 酒店业分销构成 | 劳动力投入 | 税收贡献 | 资本投入 | 增加值 | 总产值 |
|---|---|---|---|---|---|---|---|
| 建筑业 | 12248 | 11195 | 426600 | 109900 | 322400 | 858900 | 4253106 |
| 铁路运输业 | 3815 | 4903 | 11900 | 1100 | 19800 | 32800 | 190013 |
| 道路运输业 | 2263 | 2017 | 44000 | 15300 | 112100 | 171400 | 310349 |
| 城市公共交通业 | 338 | 40 | 5300 | 2000 | 12900 | 20200 | 36408 |
| 水上运输业 | 3461 | 1360 | 33300 | 25500 | 193400 | 252200 | 564345 |
| 航空运输业 | 5216 | 4774 | 63200 | 53100 | 209300 | 325600 | 1642644 |
| 批发零售业 | 13672 | 28807 | 182500 | 113999 | 697900 | 994399 | 1322776 |
| 住宿业 | 6511 | 6511 | 81500 | 31500 | 33100 | 146100 | 419622 |
| 餐饮业 | 6311 | 738 | 48400 | 28600 | 133300 | 210300 | 512501 |
| 房地产业 | 118 | 6306 | 65900 | 40600 | 351300 | 457800 | 591296 |
| 其他服务业 | 51722 | 118417 | 763148 | 124937 | 550669 | 1438754 | 2848819 |
| 旅游业 | 0 | 85758 | 11752 | 1363 | -269 | 12846 | 194852 |
| 教育业 | 1867 | 20913 | 337800 | 8100 | 83400 | 429300 | 665810 |
| 卫生业 | 0 | 1492 | 114800 | 1300 | 45300 | 161400 | 362002 |
| 社会保障业 | 0 | 1122 | 11800 | 0 | 4100 | 15900 | 27500 |
| 娱乐业 | 5908 | 5345 | 40700 | 9200 | 44000 | 93900 | 191058 |

因为假定当前的经济状况为均衡状态，份额参数从已有数据中获取。而各种弹性系数需要从外部获取，包括：需求在本地与进口之间的弹性系数——阿明顿（Armington）弹性系数 e1，产出本地消费与出口之间的转换弹性系数 e2，资本要素与劳动力要素间的替代弹性系数 e3，中间投入间的替代弹性 e4，消费支出弹性系数 e5，消费者支出边际效用弹性系数——费里希（Frisch）参数 e6。

认为海南产出的分配与需求的分配与中国的情况相似，因此 e1 与 e2 选用 GTAP 的数据（Hertel，1997），转引自李（Li and Blake et al.，2011），认为要素间的替代弹性和中间投入间的替代弹性与泰国的情况相似，因此 e3 和 e4 选用 Wattanakuljarus 年对泰国旅游发展进行分析时使用的数据（Wattanakuljarus and Coxhead，2008），消费支出弹性 e5 则采用标准 CGE 数据

（Dixon and Parmenter et al. , 1997）, Frisch 参数设定为 - 7.0 （较富的国家为 - 0.7, 中等国家为 - 4, 较穷的国家为 - 10）（张欣，2009）。具体的数据如表 5.3 所示。

表 5.3　　　　　　　　　　CGE 模型参数

| 部门 | e1 | e2 | e3 | e4 | e5 |
|---|---|---|---|---|---|
| 农业 | 0.8 | 0.8 | 1.2 | 0.5 | 1 |
| 其他工业 | 1 | 1 | 0.7 | 0.5 | 1.2 |
| 造纸及纸制品业 | 1 | 1 | 0.7 | 0.5 | 1.2 |
| 石油及核燃料加工业 | 1 | 1 | 0.7 | 0.5 | 1.2 |
| 医药制造业 | 1 | 1 | 0.7 | 0.5 | 1.2 |
| 汽车制造业 | 1 | 1 | 0.7 | 0.5 | 1.2 |
| 电力、热力的生产和供应业 | 1 | 1 | 0.7 | 0.5 | 1.2 |
| 燃气生产和供应业 | 1 | 1 | 0.7 | 0.5 | 1.2 |
| 水的生产和供应业 | 1 | 1 | 0.7 | 0.5 | 1.2 |
| 建筑业 | 0.5 | 0.5 | 1.2 | 0.5 | 1 |
| 铁路运输业 | 0.5 | 0.5 | 1.2 | 0.5 | 0.4 |
| 道路运输业 | 0.5 | 0.5 | 1.2 | 0.5 | 0.2 |
| 城市公共交通业 | 0.5 | 0.5 | 1.2 | 0.5 | 0.2 |
| 水上运输业 | 0.5 | 0.5 | 1.2 | 0.5 | 0.3 |
| 航空运输业 | 0.5 | 0.5 | 1.2 | 0.5 | 2.5 |
| 批发零售业 | 0.5 | 0.5 | 1.2 | 0.5 | 1.2 |
| 酒店业 | 0.5 | 0.5 | 1.2 | 0.5 | 1.2 |
| 餐饮业 | 0.5 | 0.5 | 1.2 | 0.5 | 1.2 |
| 房地产业 | 0.5 | 0.5 | 1.2 | 0.5 | 2 |
| 其他产业 | 0.6 | 0.6 | 1.2 | 0.5 | 1.2 |
| 旅游业 | 0.5 | 0.5 | 1.2 | 0.5 | 1.2 |
| 教育业 | 0.5 | 0.5 | 1.2 | 0.5 | 1.2 |
| 卫生业 | 0.5 | 0.5 | 1.2 | 0.5 | 1.2 |
| 社会保障业 | 0.5 | 0.5 | 1.2 | 0.5 | 1.2 |
| 娱乐业 | 0.5 | 0.5 | 1.2 | 0.5 | 1.2 |

### 5.2.2.5　模型的模拟方案

模型的冲击为酒店资本投入增加 20%。在前面的分析中，2008 年酒店业的固定资产投资增长较快，而旅游需求增长较少。酒店固定资产投资按年为单位统计时，同比波动较大，这种情况与酒店业投资的周期较长有关。从长期来看，酒店业投资一直呈稳定上升趋势。2000~2005 年，海南省的 GDP 增幅在 10% 左右，增长平稳，之后增幅开始上升，2008 年 GDP 的增长率达到近 20%。因此，本研究假设酒店业的投资增量将增加 20%，试图分析，在一般的情况下，酒店业投资的迅速增长会带来怎样的情况。模拟结果如表 5.4 和表 5.5 所示。

| 表5.4 | | 各关键变量变化量 | | | | 单位：% |
|---|---|---|---|---|---|---|
| 部门 | 资本回报率变化比例 | 有效劳动力投入变化比例 | 增加值变化比例 | 当地各产业物品价格变化比例 | 出口价格变化 | 调出价格变化 |
| 农业 | −0.095 | 0.03 | 0.02 | −0.114 | −0.145 | −0.102 |
| 其他工业 | 0.236 | 0.195 | 0.072 | −0.032 | −0.138 | −0.032 |
| 造纸及纸制品业 | 0.9 | 0.527 | 0.032 | 0.185 | −0.138 | 0.174 |
| 石油及核燃料加工业 | 0.761 | 0.457 | 0.051 | −0.013 | −0.143 | −0.011 |
| 医药制造业 | 0.275 | 0.215 | 0.033 | 0.037 | −0.139 | 0.037 |
| 汽车制造业 | 0.041 | 0.098 | 0.021 | −0.075 | −0.141 | −0.067 |
| 电力、热力的生产和供应业 | 0.881 | 0.518 | 0.094 | 0.21 | −0.137 | 0 |
| 燃气生产和供应业 | 0.155 | 0.155 | 0.074 | −0.069 | 0 | 0 |
| 水的生产和供应业 | −0.137 | 0.009 | 0.016 | −0.125 | 0 | −0.113 |
| 建筑业 | −0.15 | 0.002 | 0.001 | −0.081 | −0.142 | 0 |
| 铁路运输业 | 0.067 | 0.11 | 0.041 | −0.237 | −0.144 | −0.216 |
| 道路运输业 | 0.028 | 0.091 | 0.026 | −0.058 | −0.137 | −0.052 |
| 城市公共交通业 | 0.137 | 0.145 | 0.042 | 0.012 | −0.136 | 0 |

| 部门 | 资本回报率变化比例 | 有效劳动力投入变化比例 | 增加值变化比例 | 当地各产业物品价格变化比例 | 出口价格变化 | 调出价格变化 |
|---|---|---|---|---|---|---|
| 水上运输业 | 0.522 | 0.338 | 0.05 | 0.171 | −0.137 | 0.165 |
| 航空运输业 | 0.361 | 0.258 | 0.06 | 0.001 | −0.141 | 0.004 |
| 批发零售业 | 0.259 | 0.206 | 0.043 | −0.024 | −0.133 | −0.021 |
| 酒店业 | −56.031 | −7.938 | 0.132 | −4.925 | −0.133 | 0 |
| 餐饮业 | 0.358 | 0.256 | 0.068 | 0.031 | −0.137 | 0 |
| 房地产业 | −0.004 | 0.075 | 0.012 | −0.106 | 0 | 0 |
| 其他服务业 | −0.017 | 0.069 | 0.04 | −0.32 | −0.137 | −0.295 |
| 旅游业 | 0.515 | 0.335 | 0.342 | −2.391 | −0.144 | 0 |
| 教育业 | −0.13 | 0.012 | 0.01 | −0.279 | −0.142 | 0 |
| 卫生业 | −0.039 | 0.058 | 0.041 | −0.082 | 0 | 0 |
| 社会保障业 | −0.154 | 0 | 0 | −0.335 | 0 | 0 |
| 娱乐业 | 0.175 | 0.165 | 0.079 | −0.165 | −0.136 | 0 |

表 5.5　　　　　　　　　　各产业分销构成的变化量

| 部门 | 中间投入 | 出口 | 调出 | 农村居民消费 | 城镇居民消费 | 本地产品在本地消费中的份额 |
|---|---|---|---|---|---|---|
| 农业 | 0.017 | 0.002 | 0 | 0.001 | 0 | 0.002 |
| 其他工业 | 0.027 | 0.034 | 0 | 0.001 | 0 | 0.011 |
| 造纸及纸制品业 | 0.031 | 0.002 | −0.001 | 0 | −0.001 | −0.001 |
| 石油及核燃料加工业 | 0.019 | 0.032 | −0.001 | 0 | 0 | 0 |
| 医药制造业 | 0.039 | 0.001 | 0 | 0 | −0.001 | −0.007 |
| 汽车制造业 | 0.014 | 0.004 | 0 | 0 | 0 | 0.003 |
| 电力、热力的生产和供应业 | 0.023 | 0.071 | 0 | 0 | 0 | 0 |
| 燃气生产和供应业 | 0.074 | 0 | 0 | 0 | 0 | 0 |
| 水的生产和供应业 | 0.015 | 0 | 0 | 0 | 0 | 0.001 |

| 部门 | 中间投入 | 出口 | 调出 | 农村居民消费 | 城镇居民消费 | 本地产品在本地消费中的份额 |
|---|---|---|---|---|---|---|
| 建筑业 | 0.001 | 0 | 0 | 0 | 0 | 0 |
| 铁路运输业 | 0.039 | 0.002 | 0 | 0.001 | 0.001 | 0.001 |
| 道路运输业 | 0.023 | 0.002 | 0 | 0 | 0 | 0 |
| 城市公共交通业 | 0.039 | 0.003 | 0 | 0 | −0.001 | 0 |
| 水上运输业 | 0.045 | 0.007 | 0 | 0 | −0.001 | −0.003 |
| 航空运输业 | 0.048 | 0.012 | 0 | −0.001 | −0.002 | 0 |
| 批发零售业 | 0.034 | 0.009 | 0 | 0 | −0.001 | 0 |
| 酒店业 | 0.121 | 0.01 | 0 | 0 | 0.001 | 0.001 |
| 餐饮业 | 0.062 | 0.007 | 0 | 0 | −0.001 | 0 |
| 房地产业 | 0.012 | 0 | 0 | 0 | −0.001 | 0 |
| 其他服务业 | 0.027 | 0.002 | 0 | 0.001 | 0.002 | 0.011 |
| 旅游业 | 0.128 | 0.025 | 0 | 0.018 | 0.236 | 0.19 |
| 教育业 | 0.007 | 0 | 0 | 0 | 0.001 | 0.003 |
| 卫生业 | 0.041 | 0 | 0 | 0 | 0 | 0 |
| 社会保障业 | 0 | 0 | 0 | 0 | 0 | 0 |
| 娱乐业 | 0.056 | 0.023 | 0 | 0 | 0 | 0 |

# 5.3 研 究 结 果

## 5.3.1 影响机制

酒店业资本投入 20% 的增长，使酒店业自身的总产值在短期内仅增加 0.132%，劳动力数量减少 7.95，资本回报率减少 56%。理论上，酒店（简称 H）资本的投入将带来两个方面的影响：产业扩张效应和资源转移效应。影响机制如图 5.3 所示。

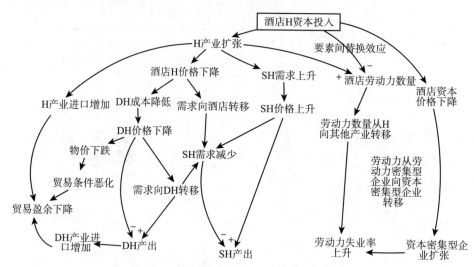

**图 5.3　酒店资本投入影响机理分析**

### 5.3.1.1　产业扩张效应

产业扩张效应，由于本研究所探讨的产业扩张是由于资本的投入所引起，支出效应相对较弱，但产业扩张会带来以下两个方面的改变：

（1）在酒店业需求不变的情况下，酒店业价格下降，导致：①需求向酒店业转移，其他部门需求较少，产出下降。②以酒店业作为中间投入的行业（简称 DH）成本下降，并带来 DH 价格下降，因此需求向 DH 转移，需求与价格共同影响产出，同时，物价下跌，导致贸易条件恶化。

（2）酒店业的扩张带来对上游产业（简称 SH）需求的上升，因此 SH 价格上升，需求减少，需求与产出共同决定产出。

产业扩张效应主要影响的部门为 SH 和 DH 产业，从投入产出表中可以看到，SH 产业（投入高于 3000 万元）主要为其他工业、石油及核燃料加工业、电力部门、其他服务业、造纸业、建筑业、零售业、汽车业、水资源供给、水上运输业。结合 135 部门的投入产出表，其他工业主要指茶、饮料产业，其他服务业主要指公共管理部门。DH 产业（消费高于 3000 万元）主要包括其他工业、旅游业、石油及核燃料加工业、零售业、其他服务业和教育产业、建筑业、娱乐业、房地产业、航空业、铁路运输业。

大部分酒店业相关产业价格下调，产出上升。部分酒店业上游产业价格上升，产出上升。其中旅行社业受影响程度最大，价格降低 2.4%，产出增加 0.34%，产出的增加主要由本地消费所贡献，同时旅行社业的进口减少 6%。其次是电力部门，价格上升 0.21%，产出增加约 0.1%。

酒店业上游产业，如造纸业、电力部门，由于酒店业需求上升，价格上升，而由于酒店业的需求增长高于消费需求的减少，造纸业、餐饮业、电力部门产出上升，汽车制造业和水供应业价格则呈下降趋势，但由于需求增长，产出增加。酒店业下游产业，如旅行社业、教育产业，价格下降，本地消费需求上升，产出上升。

很多的产业同时属于 DH 和 SH，在这样的情况之下相关产业的发展受到双向的影响。一方面酒店业价格下降之后，带来成本和价格的下降，进而使消费需求上升；另一方面由于酒店业的发展，产业作为中间投入的需求上升。在两者的共同作用下，其他工业、石油及核燃料加工业、建筑业、零售业、其他服务业价格均呈下降趋势，分别下降 -0.032、-0.013、-0.081、-0.024、-0.32。同时需求上升，带来了产出的增长。

### 5.3.1.2 资源转移效应

资源转移效应，酒店业的投资一方面对劳动力要素产生挤出效应，另一方面推动产业的发展，产业发展与挤出效应共同决定劳动力的数量的改变。酒店资本投入增加意味着酒店资本价格降低（作为生产要素，资本与劳动力有着相同的性质，如劳动力增加会导致劳动力价格降低，资本同理）。资本价格降低将有利于资本密集型企业的扩张。如果酒店业的劳动力需求减少，劳动力从酒店业向资本密集型产业转移（结构变革理论）。在这样的情况之下，总产出将上升，但是劳动力就业量将较少，失业率上升。

酒店业资本投入增加 20%，直接导致酒店业的资本价格降低 56%，全社会资本价格指数下降 0.074%。但是酒店业资本投入的上升，导致其他行业资本的紧缺，大部分行业资本价格上升。仅有水资源供应业的资本价格呈下降的趋势（成本下降），因此，水资源供应业在需求增加的情况下，产业的价格变化依然为负。

资本价格指数的上升，一般会对资本密集型企业产生挤出效应。作为典型的资本密集型部门，医药制造业价格与城市交通成本上升，价格上升。但在大多数产业扩张的情况下，作为中间投入的需求上升，医药制造业与城市交通产出同样呈上升趋势。

而道路运输业的主要中间投入为石油及核燃料加工业，在石油及核燃料加工业价格下降的情况下，道路运输业价格下降。

### 5.3.1.3　进出口影响

进出口影响，H 和 DH 产出的增长将强化进口效应。资本密集型产业发展，如果资本密集型产业主要是出口产业，出口将得到强化，但是如果 DH 部门恰好是第三产业，第三产业物价下跌，带来实际贬值（real devaluation）（-0.371），贸易条件恶化，出口受到抑制，贸易盈余下降。

## 5.3.2　模拟结果

### 5.3.2.1　宏观影响

在酒店业资本投入增长 20% 的情况下，GDP 上升 0.036%，实际进口量上升 0.012%，实际省际调出上升 0.019%，总调出增加 0.105%。消费者价格指数（CPI）下降 0.154%，贸易条件下降（term of trade）0.14%。劳动者收入下降 0.212%，劳动报酬下降 0.058%，并没有带来经济和社会总福利的上升。

### 5.3.2.2　中间投入增长带来产业的整体发展

酒店业投入的增加不仅带来了酒店业相关行业产出的增加，经济中的非贸易型劳动密集型旅游无关产业，如农业、燃气、卫生部门的价格也开始下降，同时产出上升。酒店资本的投入带来了产业的扩张和酒店价格的降低，促进了酒店业相关产业的发展，进而带动了整个经济的发展。这些影响均有助于引起市场规模报酬的递增和金钱外部性（Todaro，2008）。整个经济中唯一产出没有变化的是社会保障部门。这是由于社会保障业的消费全部为政府消费，而政府消费在模型中已被设定为外部变量。

这种发展的模式与增长极模式（Weaver and Oppermann，2000）相类似。政府首先挑选了处于城市边缘的滨海地区来发展旅游业，政府鼓励与促进这些地区的发展，用一些基础设施和制度方面的利好政策吸引公共和私人资金的进入，逐渐地，由外部推动的发展变成自我发展，越来越多的游客、员工以及其他的人员进入，进而形成了人的集聚，带来了集群的活力，促进其他产业的发展。

在酒店投资的带动下，各产业均得到一定的发展，总计创造了4417万元亿的GDP，GDP上升0.036%。然而带动非常有限，所创造的GDP还小于资本的投入6600万元。

### 5.3.2.3　劳动力收入、消费与产出

这种情况的出现主要与酒店业的分销构成有关，从酒店业的分销途径来看，酒店业总产出42亿元，其中37.5亿元作为其他产业的中间投入存在，4亿元为入境游客所消费，857万元为省内城镇居民所消费。酒店业投资对入境游客增长的促进作用仅为0.01%，几乎可以忽略不计。酒店业投资的增长，主要是改善了其他产业的投资环境。

而这种由资本投入带动产业的发展过程，也是对劳动者收入进行削减的过程。酒店业资本的投入对劳动力产生挤出效应。7.9%的劳动力被挤出，劳动力报酬下降6595万元。酒店业资本投入的增长，就是在推动酒店业从劳动密集型向资本密集型转型。而酒店业的工业化发展，在一定程度上也促进了农业的产业化，农业产业化虽然对于提高农业生产率有促进的作用，但是对于农村劳动力存在明显的挤出作用，农业劳动力收入下降3031万元。其他服务业、建筑业、教育、卫生等产业的名义工资均有一定幅度的下降。劳动力在收入分配中所占有的份额下降，名义收入总计下降1.09亿元。名义工资的下降也有很大一部分是因为物价下跌导致消费者物价指数下降所引起的，如果剔除CPI下降的影响，实际下降的劳动力收入为3002万元。

这与马克思的资本主义发展模式相吻合，资本家总是通过大规模的机械

化，竭力利用资本来替代劳动力，其结果就是在工业现代化的过程中，就业增加要比资本积累和产出增长的速度低得多。虽然酒店业一直以劳动密集型和对促进就业的贡献受到各界人士的欢迎，但是在欠发达国家中的飞地式旅游发展中，旅游业却并不一定是劳动密集性产业，从全世界范围来看，旅游业的劳动力密集程度与经济的发展是呈负相关的（Wattanakuljarus and Coxhead，2008）。

而与劳动者收入相联系的是私人消费，私人消费的变化受劳动者收入的影响。对劳动者收入的抑制同时也抑制了私人消费，在私人消费有限的情况下，产业发展会受到明显的限制。这就是凯恩斯的有效需求不足理论。在缺乏足够的有效需求的情况下，过度的资本投入只会导致存货充实而商品滞销，引起生产的缩减，解雇工人，造成失业。海南酒店投入对经济的带动主要靠对各产业的带动，然而，在需求有限的情况下，各产业的发展空间也十分有限，这也就导致了最后酒店业 6600 万元的资本投入只带来了 GDP 总量 4417 万元的增长。

### 5.3.2.4 进口与出口

总体上，海南省经济发展较为落后，对国外和省外的贸易均较少。虽然总量、进出口（调进调出）贸易额都较高，各约 470 亿元，约占 GDP 的 1/3，但主要的贸易产业为核燃料加工业，该产业通过进口和调入原油和石油及核燃料加工业做为中间投入，又将制成品运往海外和省外进行销售。因此，进口产品主要为石油及核燃料加工业（276 亿元和 52 亿元）。出口与调出的主要产业为石油及核燃料加工业、造纸业、水产品加工业、电力产业。总体上，酒店业投资的增加对进出口的影响较小，进出口变动处于平衡的状态。

在进口与省际调进方面，由于酒店业投入增长带来了中间投入品价格的下降，很多产业出现了进口替代效应。如道路运输业、建筑业、汽车制造业、教育业、娱乐业、其他服务业、农业、酒店业、旅游业等部门的进口减少。但主要的进口产业——其他工业（占进口总量 82%，主要为石油及天然气开采业）的进口量上升 0.027%，导致进口增长 1026 万元，省际调入增长 39 万元。因此，进口总量依然增加 545 万元，省际调进总量上升 30 万元。

在出口与调出方面，由于各产业价格的下降，贸易条件改善，各产业出口量均有一定程度的上升。其中受益最为明显的行业为其他工业、石油及核燃料加工业、电力供应业、航空运输业、旅游业与批发零售业，出口总计上升511万元，但出口变动幅度较小。

### 5.3.2.5　小结

酒店资本的投入带来了产业的扩张和酒店价格的降低，促进了酒店业相关产业的发展，进而带动了整个经济的发展。外来资本的进入实际上是增加了本地的资源储量，在短期来讲，对经济产生正面的促进作用，另外，酒店业与经济中的大部门产业相关联，其带动效应大于挤出效应。然而经济带动非常有限。这种情况的出现主要是由于需求的有限性，以及投资的增长对劳动力产生了挤出效应。酒店业投资对经济贸易的影响较小，一方面，物价降低之后，改善了贸易条件，出口增加，另一方面，由于产业发展对主要的进口产品原油的需求上升，进口增长，贸易差额基本不变。

## 5.4　结　果　分　析

### 5.4.1　投资带来的发展与需求带来的发展

通过资本投入带来区域发展所面临的问题远不止如此。要素的投入除了对产出有正面的影响之外，还会对其他要素产生挤出效应。从模型的结果可以看到，单纯投资所带来的发展是十分有限的。马克思的通过资本积累推进经济发展的经济发展理论在美国1914年的大萧条中被论证了其效用有限性，其中最为关键的问题是有效需求不足。从模型中我们也看到，酒店业20%的投入仅仅只带来了0.13%的增长，而这0.13%还主要来自对酒店业作为中间产品投入的消费。如果酒店业不能带动消费的迅速发展，那么即使固定资产投入增长10倍，亦将只是"酒店泡沫"。

从影响机制来看，由资本投入所带来的发展与由消费投入所带来的发展存在本质性的差异。从前人的文章来看，大量的文献对由于需求增长带来的旅游业发展进行了分析。旅游业快速发展的原因概括为两种情况：（1）外部旅游需求的迅速增加；（2）本地利好政策的增加，吸引大量游客的进入（Copeland，1991）。需求增长是发展的源泉。由需求增长带来的旅游业发展所产生的区域影响机制如第 2 章中 2.1 部分所示。旅游需求的增长会推动旅游业价格的上升，进而推动旅游业的发展。产业的发展带动了劳动者报酬和政府税收的提高，拉动本地消费，促进了经济的发展。另外，还会吸引劳动力向旅游业转移，推动资本密集型产业的发展。

然而由资本投入所带来的发展是完全相反的过程。资本的投入会导致资本回报率的降低，进而拉低旅游业的价格，同时将劳动力挤出，使劳动力向其他产业转移。因此产生的影响与需求推动的旅游发展产生的区域影响截然不同。由需求推动的旅游发展可能在促进旅游业发展的同时，会对其他产业产生挤出效应，当旅游业发展停滞时，经济进入停滞期。但是旅游产品与工业的实物产品存在本质上的区别。旅游产品具有不可储存性，游客必须去到目的地才可能对酒店的产品进行消费，对旅游产品的销售与产品的生产同时存在。因此，由投资所带来的区域发展可能在一开始就只是存量的累积，在没能带动需求增长之前，其经济带动作用十分有限。

## 5.4.2　通过投资拉动需求的可能性

对高星级酒店的需求到底有多少？高星级酒店的迅速发展是否会带来需求过剩？各方看法各异。从政府的角度来讲，海南政府对酒店业的迅速增加报以期望，部分媒体报以质疑的态度，而已有的统计数据也并不乐观。

《"十一五"海南旅游发展规划纲要》提出，"十一五"期间要打造出 30 个五星级国际水准的度假型酒店。2006 年，三亚市在党代会上明确提出："未来 5 年之内，要打造高端旅游市场，争取发展 40 家五星级酒店。"① 同时，并不认为这种迅速增长的投资可能会带来需求过剩。

---

① 海南日报. 度假酒店最多　海南岛将成为"五星级酒店岛". ［2008 - 02 - 13］［2011 - 08 - 24］http：//www. hainan. gov. cn/data/news/2008/02/46167/.

　　从媒体舆论来看，在 2006 年，已开始产生对星级酒店数量快速上升的质疑。投资者基于对海南旅游未来成长偏高的预期而大量投资，但实际的成长却无法那么高，这是海南酒店业大面积长期亏损的深层次原因，而高档酒店业的泛滥也必将影响海南旅游的健康发展，进而影响投资者的信心。所以，政府部门务必尽快加强高档酒店的规划布局，否则由此引发的客源激烈竞争乃至亏损等问题，并不利于海南高档酒店业的持续健康发展，甚至有可能导致整个行业的全线崩溃。①

　　从统计数据来看，与五星级酒店大量增长相矛盾的是，饭店业收入与利润并不高。从营业收入来看，旅游饭店业并没有显示出明显的优势。2005 年前，国内旅游饭店业的收入仅和旅游社业的收入持平，而在 2003 年与 2004 年，旅行社的收入显著高于旅游饭店业。从营业利润来看，除旅游景区以外，旅游相关企业在 2007 年之前的利润基本为负值，即处于亏损状态。国际旅行社在 1999 年和 2004 年还分别有 7977 万元和 3496 万元的盈利，其余时间则基本处于保本经营状态。饭店业 1999 年亏损超过 4 亿元，直至 2008 年才开始扭亏为盈，总计盈利 5.81 亿元，其中固定资产占总量约 85% 的内资饭店所创造的利润占总量的 2/3。而 2008 年新增的 51 亿元固定资产投入中，46.5 亿元来自于内资饭店。

　　从酒店业的分销来讲，在投入产出表中，酒店业除了作为中间投入之外，只有本地消费和出口，没有省际调出。也就是说酒店消费不是来自外国就是来自本地。由于发展中国家的统计数据从指标编制到数据采集等一系列的过程中本身就会存在很多问题，这与实际是否相符还有待进一步的研究。但是至少可以看到，酒店业的消费大部分作为中间投入存在，而在其他产业发展缓慢的情况下，酒店业消费的提升也非常有限。

　　在酒店业利润率极低、酒店业需求有限的情况下，政府大力推动酒店业固定资产投资，酒店业投资所可能带来的正面经济影响能有多大，是一个需要深入探讨的问题。

---

　　① 苏群，李学山. 海南五星级酒店泛滥成灾. ［2005 - 12 - 26］［2011 - 08 - 24］http://society.people.com.cn/GB/1062/3972552.html.

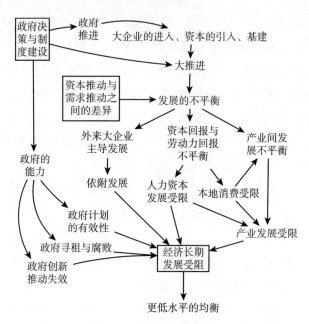

图5.4　海南省旅游发展路径及其潜在影响分析

## 5.4.3　协同投资与单一发展

从资本的投入来看，大量的资本投入酒店业。酒店业投资的幅度远远不止20%的增长。实际中在需求不变的情况下，固定投资增长了超过1000%。而与海南省即将投入的资金相比，酒店业2008年50亿元的投资将会不值一提。2010年前10月海南省外资金累计流入932.11亿元①。《海南国际旅游岛建设发展规划纲要》中规划，在未来11年内，海南建设国际旅游岛将投入35200亿元。②

1958年前后的超发展理论确实把单个厂商水平上的规模经济通过金融外部经济转化为总量水平上的规模报酬递增的思想作为它的核心概念之一

---

① 海南日报．今年前10月省外资金累计净流入932.11亿元．［2010－11－29］［2011－08－24］http：//www. hainan. gov. cn/data/news/2010/11/117913/.

② 周慧敏．海南国际旅游岛建设投资预计将高达3.5万亿元．［2010－07－10］［2011－08－24］http：//news. xinhuanet. com/house/2010－07/10/c_12320016. htm.

（Paul Krugman，1997）。"大推进"理论中，解决协调失灵的一个重要策略就是鼓励前后联动部门的发展。强调政府在发展的初期大力推动一些重要的公共企业（关键产业）的发展，通过这些产业和其他产业之间的相互联系或联动促进其他产业的发展。这个关键产业的发展一方面通过后向联动提高后向关联产业的发展，通过前向联动降低使用这个产业产品的企业的成本，这两者都会带来市场的规模报酬递增和金钱外部性之间的相互作用，均有利于工业化的进程（Todaro，2008）。

对于关键产业的选择对这一过程的形成有着重要的作用。关键产业需要有很强的产业关联。在海南的案例中，对酒店业投资对整体经济的带动也主要是通过其前向和后向关联所拉动的，但酒店业如果向高星级酒店变化，其前后向关联产业发生重要的变化，向进口产品转变，其带动效应将大大减弱。

对单一产业的投资也被认为其效用不如对多种产业的投资。罗森斯坦—罗丹（1943）认为，如果这项投资是孤立的，就很可能会亏损，如果同时在其他许多行业也有类似的投资，它就会盈利。弗莱明（Fleming，1958）认为中间产品的生产中存在规模经济时产生的"垂直"外部经济（前向与后向关联）比"水平"的单一经济部门的外部经济更为重要。如果旅游业资金的投入不能带来经济的多元化发展，经济很难持续发展。

## 5.4.4　超发展模式与本地经济结构

星级酒店的迅速发展本身也带来一系列的问题。一方面，酒店业的快速发展，会导致中间投入产业发展跟不上，加剧对进口的依赖。而在酒店业向高星级转型的过程中，酒店业的中间投入结构在不断改变，最为明显的就是对进口奢侈品（高档物品）的消费，将大大降低对本地产业的带动效应（Sharply and Telfer，2002）。另一方面，酒店业的迅速发展会对其他产业产生带动的效应，这一效应的产生很多是由于劳动力转移所引起的。在我们的模型中，酒店业的投资会挤出劳动力，劳动力向其他部门转移。这其中就存在着劳动力在这些行业间的无障碍流动。然而，在一定程度上，这并不是可行的。因此，酒店业对其他产业的带动效应进一步减弱。

实际上，由于其他要素发展速度的不匹配，以及要素流动的问题，已经造成了酒店人才短缺、服务跟不上等问题。

海南酒店业的投资基本为高星级酒店建设，酒店业的投资并不是简单的升级改造，而是用新的五星级酒店的建立来替换陈旧的三星级酒店。这种投资将行业从劳动密集型向资本密集型转型。在转型的过程中，对劳动力的要求在不断升级。这样的情况下，造成了一方面，大量低技术水平的劳动力的失业，另一方面，新的五星级酒店大量的高技术水平的劳动力缺口，以及劳动力在酒店间的高流动性。海南星级酒店管理人才饥渴[1]。2010 年 7 月，海南省工资上调幅度达到 31.7%[2]，这实际上是进一步提高了低技能劳动者进入酒店业的门槛。

### 5.4.5  超发展模式与政府失灵

政府干预是对抗协调失灵所导致的低均衡陷阱的有效手段，因为政策可以使得经济达到更优的均衡，甚至使经济体自己可以维持更高的经济增长率。但前提是政府没有与政权腐败等劣均衡相联系，在政府政策使得经济达到更优的均衡之后，如果没有"劣均衡"产生，政府可以进一步对教育、公共健康等进行互补性投资，而一旦出现"劣均衡"，经济则可能向更糟糕的局面发展（Todaro，2006）。

尽管政府可能不是腐败，但是也很难认为政府计划会比市场更为有效。目前政府的计划主要基于现有宏观模型的基础之上，一种是以哈罗德 - 多马增长模型为基础的总量增长模型，基于该模型的发展理论认为，政府应该通过提高储蓄与引入资本来促进经济的发展。然而基于这种模型，很难构建出可操作性的发展计划。一个可操作的计划需要将经济活动分解为多个部分的模型，如投入产出模型，或者建立社会账户矩阵通过可计算的一般均衡模型

---

① 段然，苏群. 海南星级酒店管理人才饥渴. ［2010 - 09 - 16］［2011 - 08 - 24］http：//hi. people. com. cn/people_read. php？news_id = 3216.

② 李泽民. 10 地今起上调最低工资  海南居首涨幅超 30%. ［2010 - 07 - 10］［2011 - 08 - 24］http：//finance. sina. com. cn/g/20100701/03488212413. shtml.

来进行分析（Todaro，2006）。但是目前，海南的经济发展计划依然是一种总量增长模型。

而政府的发展计划有多少的可行性以及实施力度也是一个需求深入研究的问题。政府发展目标的制定在多大程度上是建立在公平的基础之上，也是需要讨论的。因为，在政府大力的推动酒店业固定资产投资的过程中，政府税收是左右政府决策的不可否认的重要因素。从税收创造来看，除 2000 年大部分的旅游业税收来自旅行社业以外，其余年份大部分的税收由内资饭店贡献。2007 年之后，内资饭店迅速发展，而利润率较高的外资饭店增长相对较为缓慢。

即使以上问题都不存在，熊彼特认为，在没有创新的情况下，市场竞争最终会使所有部门失去超额利润，经济将进入收入等于成本的长期市场均衡的停滞状态。而在中央计划经济中，最缺乏的就是这种能调动企业家为创新社会需求而努力的市场机制。在这种情况之下，由计划经济所推动的资本投入所带来的发展其创造力也十分有限（Hayami and Godo，2009）。

## 5.4.6　分析总结

根据大推进理论，资本的投入可以促进经济从一个较低阶段的均衡状态向一个较高阶段的均衡状态发展，改善区域的整体经济发展状况。然而，由于投资会降低劳动力的收入，进而导致有效需求不足的问题，阻碍经济的发展，因此，由投资所带来的区域发展可能在一开始就只是存量的累积，在没能带动需求增长之前，其经济带动作用十分有限。而从海南目前旅游发展的状况来看，旅游业通过投资拉动需求以及提高利润率的能力都还十分有限。如果投资过度集中于一个行业，经济结构单一，也不利于经济的长期发展。在酒店业超速发展的过程中会产生一系列的问题，如产业发展的问题：中间投入产业发展跟不上，要素发展速度跟不上等问题；最严重的情况是政府失灵的情况产生，将阻碍经济的发展，甚至于让经济回落到更糟糕的局面。综上，试图通过资本投入增长来促进经济发展的过程是一个路径曲折、困难重重的经济发展策略。

# 5.5 本 章 结 论

以海南为案例，利用可计算的一般均衡模型对海南酒店业固定资产迅速增长所产生的短期影响进行了评估。研究的基本结论如图5.4所示。（1）酒店业的发展通过对上下游关联产业的带动效应促进了经济的整体发展，但带动有限；（2）通过资本投入拉动需求的策略并不能保证经济的可持续发展；（3）整体而言，资本的增长对劳动力产生了挤出效应；（4）在酒店业超速发展的情况下，产业间发展不平衡的问题加剧；（5）超速发展在进一步降低政府政策有效性的同时，也对政府带来更多的考验；（6）在以上一系列的发展阻碍之下，经济的长期发展可能受阻，陷入更低水平的均衡状态。

酒店业通过产业关联效应促进了经济的发展。酒店业资本投入对目的地产生了产业扩张效应，带来了产业的扩张和酒店价格的降低，促进了酒店业上游产业的发展，酒店业价格的降低促进了酒店业下游产业的发展，进而带动了整个经济产出的发展。在酒店业资本投入20%的增长下，投资带动型产业发展有限。GDP上升仅为0.036%，实际进口量上升0.012%，实际省际调出上升0.019%，总调出增加0.105%，消费者价格指数（CPI）下降0.154%。投资所带来的区域发展可能在一开始就只是存量的累积，在没能带动需求增长之前，其经济带动作用十分有限；从媒体报道和统计数据来看，通过投资拉动需求的可能性不大，因此通过资本投入带来产出扩张的效用有限。从产业关联来看，资本的投入在一定程度上改变了酒店业中间投入的构成，如果酒店业中间投入向进口产品转移，将弱化酒店业的带动效应。

资本对劳动力产生挤出效应。酒店业的发展通过资源转移效应，对劳动力产生挤出效应。7.9%的劳动力被挤出，劳动者收入下降0.212%，劳动报酬下降0.058%，主要是酒店业和农业部门的劳动力被挤出，实际下降的劳动力收入为3002万元。投资的增加促进了经济从劳动密集型向资本密集型转型，但也无可避免地带来对资本的依附，同时拉大了资本和劳动力之间的差距。而劳动力收入的减少会抑制私人消费，限制非贸易型产业的发展空间。

　　实际发展中，超速的增长为发展带来了更多的问题，包括：酒店业的快速发展，会导致中间投入产业发展的跟不上，加剧对进口的依赖；旅游业发展与其他要素发展不匹配，造成了酒店人才短缺，服务跟不上等问题；投资将行业从劳动密集型向资本密集型转型，劳动力进入门槛不断上升，旅游业就业贡献弱化。生产中存在规模经济时产生的"垂直"外部经济（前向与后向关联）比"水平"的单一经济部门的外部经济更为重要。

　　超速的发展在很大程度上是一种政府行为，而在政府主导发展战略的情况下，政府失灵会带来更多的威胁，政府失灵包括：政权腐败等劣均衡，政府计划失灵、政府创新失效等问题。

　　在以上一系列问题的困扰下，经济长期发展受阻的可能性大大增加。而政府失灵状况的出现，可能会令到经济发展陷入更加糟糕的局面。

# 第 6 章

# 旅游度假区的区域影响：
# 田独镇的案例

　　本章通过对海南省田独镇的案例研究，逐一回答本书第 2 章中所提出的四个问题。田独镇为典型的依靠"大企业进入、大项目带动"的发展模式启动经济发展的欠发达区域，其发展已经将近 20 年。对田独镇这种在亚龙湾国家旅游度假区带动下的发展进行研究，为欠发达地区投资带动型的旅游发展影响提供了较为全面的分析资料。田独镇在发展的压力之下引入了外来企业，带来了依附发展，后期有一定的涓滴效应产生，但更多的是加大了资本和劳动的二元结构，而超发展的模式给政府带来挑战，政府出台的对策措施作用有限。本章对旅游业发展产生上述影响的机制将进行逐一探讨。

## 6.1　海南省田独镇简介

　　田独镇是黎、汉杂居的城郊镇，位于三亚市东北部，海榆东、中线和东线高速公路在此交汇，素有三亚"东大门"之称。全镇现有土地总面积325.1 平方公里，2008 年人口 39985 人①。亚龙湾度假区是田独镇的主要旅

---

　　①　田独镇政府：田独镇农村统计报表 2005～2008。

游区，于 1992 年划定，位于田独镇东南部海湾，是中国典型的滨海旅游度假区，1994 年亚龙湾度假区划入三亚热带海滨风景名胜区中的亚龙湾片区。

　　三亚属于沿海台地地貌，而田独镇更是有着大量的山地。地势较为平坦的区域并不多，田独镇中距离亚龙湾度假区交通较为便利的区域主要包括田独镇区、新红村、中寮村、六盘村、博后村、亚龙湾度假区以及六道村、龙坡村等几个区域①。荔枝沟与三亚市区更为接近，其发展主要受三亚市区发展所影响。六盘村、博后村位于亚龙湾度假区风景名胜区范围内。亚龙湾度假区的交通是龙坡村民出行的主要交通干道。新红村位于亚龙湾度假区出口处，六道村 2010 年仍为部队驻地。中寮村则位于东线高速的入口处。

　　中寮村、博后村与六盘村为田独镇的大村落，各村人口近 3000 人。新红村相对较小，仅有 548 人。田独镇是传统的黎族部落，除了新红村汉族比例较大之外，其他多为黎族村落，在东线高速建成之前，主要依靠打渔与农业为生。

　　在亚龙湾度假区发展的带动下，产业开始多元化，近年来，由于房地产业和酒店业的迅速发展，田独镇开始城镇化。2011 年田独镇改名吉阳镇，近半数的农民变成城镇户口。

## 6.2　度假区影响下的田独镇发展历程

　　亚龙湾度假区是田独镇的主要旅游区，也是三亚的主要高星级酒店聚集地。本章首先对亚龙湾度假区的发展模式进行梳理，然后分析在亚龙湾度假区发展带动下田独镇的区域发展历程。

### 6.2.1　度假区的发展历程

　　亚龙湾度假区位于三亚市东南约 20 公里处，陆地规划面积 18.6 平方公

---

　　① 田独镇下辖新村社区、荔枝社区、田独村、中廖村、大茅村、安罗村、六道村、博后村、六盘村、龙坡村、干沟村、榆红村、红土坎村、新红村、罗逢村、红花村、抱坡村、落笔村和南丁村。根据本书的研究范围选定研究的区域。

里，是首批 12 个国家级旅游度假区之一。1994 年，亚龙湾度假区纳入三亚热带海滨风景名胜区范围。国内关于亚龙湾度假区经济发展的学术研究较少，主要的研究者为刘俊。本章关于亚龙湾度假区发展的资料大多来源于刘俊博士论文（刘俊，2006）中对亚龙湾度假区 2005 年之前的发展历程的梳理。由于刘俊的论文主要分析的是亚龙湾度假区的制度变迁，而本研究侧向于对经济发展的分析，因此，对相关素材的分析可能有所差异。还有部分资料来自于亚龙湾度假区公司的官方网站的亚龙湾度假区大事记等①。

作为田独镇的主要旅游极核，亚龙湾度假区的旅游发展可以分为四个阶段：第一阶段为 1986～1994 年，政府主导发展期；第二阶段为 1995～1999 年，外资进入增长极培育的度假区开发期；第三阶段为 2000～2006 年，稳步发展期；第四阶段为 2007 年至今，旅游度假 + 地产开发期。

### 6.2.1.1 第一阶段：政府主导的失败

1986 年之后，亚龙湾度假区成为旅游开发区，1988～1992 年由海南省旅游总公司牵头开发。1990 年成立牙龙湾②旅游开发总公司。1992 年 10 月经国务院批准，亚龙湾国家级旅游度假区建立，同年 5 月海南省旅游总公司将亚龙湾度假区移交三亚市成立的国有亚龙湾股份公司。1993 年 1 月 3 日，海南省股份制试点领导小组办公室批准亚龙湾开发股份有限公司进行股份制规范化改革，公司通过股份制增资扩股，将注册资本扩至 3 亿元（刘俊，2006）。

1993 年 12 月 10 日，三亚市规划局批准亚龙湾国家旅游度假区首期开发用地 6100 亩。1994 年 3 月 10 日，国家旅游局把亚龙湾国家旅游度假区基础设施建设列为国家重点建设项目。

然而，早期的牙龙湾公司并没有全心的经营旅游业，而是由于考虑到亚龙湾的开发是周期性较长的综合项目，为保证对股东的回报，提高资金的利用率和盈利水平，亚龙湾公司及下属全资子公司，以数亿元资金进行区外房地产项目投资，陆续购进了海口、三亚、北海等地的一批房地产，拟作短期

---

① 亚龙湾国家级旅游度假区官方网站．［2011 - 08 - 24］http://www.ylb.com．

② "牙龙湾"是亚龙湾最初的名字，1992 年，牙龙湾才正式改名为亚龙湾。

炒作之后获取厚利（刘俊，2006）。这种急功近利的发展方式，使由政府主导的开发模式在旅游业发展的初期遭遇到了滑铁卢。1993年下半年，中央对海南实行紧缩政策，海南房地产经营热潮破灭，经济整体下滑，亚龙湾公司近3亿元房地产投资长期沉淀挤压，大幅度贬值，亚龙湾开发进入停滞状态（刘俊，2006）。

在开发停滞的情况下，政府继续将大量的优质土地投入亚龙湾的开发当中。1994年5月三亚市土地管理局将6100亩土地以57598.6772万元的价格出让与亚龙湾开发股份有限公司，然而，租金（土地出让金）以分期缓缴的方式，在土地开发之后才分期付款（刘俊，2006）。这种杀鸡取卵的方式，使得当地政府在一开始就丧失了亚龙湾优质滨海资源的控制权。当然，政府这种方式的初衷是通过土地转手从中获取高额利润。政府在1994年5月到1995年之间，已经将这6100亩中的2301亩转手，到1995年，亚龙湾公司实际可出让土地已由6100亩缩减为3799亩（刘俊，2006）。但这2300亩土地的转手没能通过以资源换取资本的方式促进区域的发展，1995年由于发展的压力，公司不得不引入外来资本，使得政府为自己准备的土地只是为他人做了"嫁衣"。

## 6.2.1.2　第二阶段：外资进入增长极培育的度假区开发期

1993年中央政府的调控措施带来楼市泡沫破灭，使得将资金投入房地产的公司陷入困境，引入外来资本成为不得已的选择，这才促成了之后中粮集团的进入。1995年，由国务院批准成立的中外合资股份制企业——亚龙湾开发股份有限公司扩股。中粮集团下属的鹏利国际和胡汉辉家族公司在香港的合作公司——香港经纬股份有限公司购入了50.82%股权而控股，并成立亚龙湾（香港）股份有限公司。

中粮集团的进入，首先带来了大量的资金，保证了当时基础工程建设的正常运营，中心广场、滨海大道、东污水处理厂、变电站、邮电中心、卫视中心等项目陆续开工[①]。

---

① 亚龙湾度假开发区大事记。http://www.ylb.com。

中粮集团的进入也挽救了当时人力资本匮乏的局面。一般而言，旅游业因为其较低的进入门槛和高就业带动率而受到各界人士的推崇，然而，当一个经济主要为传统农业部门的地区，面临通过旅游业即时带来较高增长和经济效益的情况，目的地自身的人力资本匮乏情况则格外严重。20世纪90年代初期，距离改革开放仅仅10年的时间，地方政府领导接受教育程度不高，信息闭塞，缺乏经验同时技能较差，无法获取发达国家或地区用于产生经济价值的观念（Romer，1987），以至于缺乏具有独创性的管理和技术才能，难以以最低成本获取市场和产品的信息。这也是最初政府主导失败的主要原因之一。在香港经纬股份有限公司进入之后，亚龙湾的发展被国人冠以"经纬速度"的称号，形成了亚龙湾模式（晓鼎，2001）。

引入了综合性旅游度假村的概念。中粮集团进入之后，由建筑学出身的胡经纬出任董事长，在胡经纬进驻之后1个月，亚龙湾旅游度假区总体规划图发布。规划项目包括海滨浴场、豪华别墅、会议中心、星级宾馆、度假村、主题娱乐园、海上活动中心、高尔夫球场、游艇俱乐部、网球俱乐部、大型会议厅、蝴蝶谷、贝壳馆等一系列综合配套设施。

冗余自然资源的利用。资源的开发从内陆直接转向一线海岸资源。1995年中粮集团进入之时，三亚市政府划批出一块1000亩滨海一线用地。

中粮集团通过自有资金的先投入，以及前期的良好规划，走上了如Weaver和Oppermann（2000）中所说的自我发展的道路：1996中国度假休闲游开幕式在亚龙湾中心广场成功举行，中国第一座五星级海滨度假酒店凯莱酒店建成营业，海底世界项目建成开业；1997年蝴蝶谷、贝壳谷建成开业，之后引入水上项目和潜水项目；1998年亚龙湾公司又出资1.5亿元，建成仙人掌度假酒店。同年，在凯莱酒店的示范效应之下，由三亚银泰公司投资的天域度假酒店开业，客房数量超过1800间，形成一定的规模优势。从对周边的带动来讲，亚龙湾的发展带来了大量的员工和游客，也对附近的居民带来了发展的机会，亚龙湾水上观光项目吸引了大量游客的参与，也让当地世世代代从事渔业捕捞的渔民看到了利用渔船经商的机会。亚龙湾酒店群大多数员工居住于田独镇镇区，员工宿舍以酒店的名称命名，如凯莱楼、仙人掌楼、万豪楼等，在这些员工宿舍附近，形成了一定的商业集聚，如餐饮店、网吧、家庭旅馆、娱乐场所等。

### 6.2.1.3 第三阶段：稳步发展期

1999 年东线高速开通，国家大力推进旅游业发展进程，三亚旅游进入发展期，2000 年三亚金棕榈度假酒店、三亚天鸿度假村开业，2001 年三亚亚龙湾假日度假酒店开业，2003 年之后，国际一流酒店管理集团陆续抢滩登陆亚龙湾，喜来登、万豪、希尔顿、丽兹卡尔等一批国际顶尖的度假酒店相继建成开业。度假区进入高速发展期。如图 6.1 所示，三亚 1999~2008 年饭店接待游客人数迅速上升。

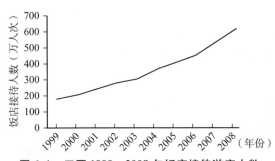

**图 6.1　三亚 1999~2008 年饭店接待游客人数**

资料来源：中国旅游统计年鉴 1999~2009 年。

高速的发展伴随着需求的进一步增长，虽然亚龙湾区内度假消费属于高档奢侈型消费，但是在春节期间酒店的平均入住率保持在 90% 以上。2003 年，外国游客在三亚每天消费平均在 1400 元人民币左右，港澳台游客每天的消费在 800 元左右，国内游客每天的消费平均在 500 元左右[1]。2004 年喜来登酒店缴纳的地方税收收入达到了 1412 万元，营业收入超过 2 亿元。2006 年，亚龙湾便接待游客 286 万人次，占到了三亚市饭店接待量（454.9 万人次）的 63%[2]。

亚龙湾区内酒店发展的良好势头也促进了度假区模式在海南的广泛推

---

① 2004~2020 年三亚热带滨海风景名胜区总体规划说明书。

② 亚龙湾国家旅游度假区基础设施配套. ［2011 - 08 - 24］http：//www.ylb.com/showinfo.php? id = 10118.

进，带动了酒店业的大量发展。

### 6.2.1.4　第四阶段：旅游度假＋地产开发期

2007 年，在国际旅游岛建设的推动下，建筑业与酒店业发展势头迅猛，2008 年海南省酒店业固定资产存量增加 50%[①]。一线滨海地区大规模开发，如海棠湾、清水湾、香水湾、石梅湾、土福湾、红糖湾、坎秧湾等进入开发议程；大量的高星级酒店的进入，亚龙湾的度假区发展模式被海南其他地区迅速模仿，度假区模式大规模推进。

2010 年春节，亚龙湾出现天价酒店，价格基本超过 1 万元。2010 年，亚龙湾开发股份公司实现营业收入 7 亿元，创造税收 4908 万元，营业利润 2 亿元，净利润 1.5 亿元，到 2011 年则有少量的下降，但是 2011 年三亚市春节黄金周的酒店价格也基本在 5500 元左右，尽管价格居高不下，入住率依然达到 93%。[②③]

同时旅游地产迅速发展，海南房地产迅猛发展，房地产成为了主要的投资行业，旅游业的发展也有形无形地在向房地产靠拢或者是被房地产开发所替代。2009 年三亚市国税税收 11.4 亿元，其中房地产业入库税款 63247.4 万元，对国税的贡献比率为 55%，亚龙湾开发股份有限公司因土地使用权转让，入库税款 32212.3 万元，两者相加占到了三亚国税收入总额的 83%。

## 6.2.2　度假区影响下的田独镇发展历程

田独镇的发展历程如图 6.2 所示，按照旅游发展对于区域的影响，田独镇的发展可以划分为两个发展期。与海南整体的发展相类似，第一次的发展是 90 年代初期，是海南规模化发展酝酿期的产物。在这一时期，田独镇物质匮乏，是改革开放的实验地，在发展的驱动下，走向了外向型的发展道路。但这条外向型的发展道路并没有给田独镇带来太多的发展，亚龙湾度假

---

① 海南省统计厅. 海南统计年鉴. 北京：中国年鉴出版社，2008.

② 夏冠男. 海南春节黄金周酒店价格回归理性. 海南日报，2011 年 2 月 6 日.

③ 杨春虹，节日氛围更浓、游客流量稳增. 海南日报，2011 年 2 月 6 日.

区的发展模式是一种典型的飞地型旅游发展模式，既没有带动本地的发展，也没有带动相关产业的发展。度假区与周边的社区存在明显的二元结构，周边社区直接从度假区获得的补偿十分有限，度假区的发展带来了客源，给他们提供了参与旅游业的机会，但是社区参与旅游发展一直作为非正规部门存在。

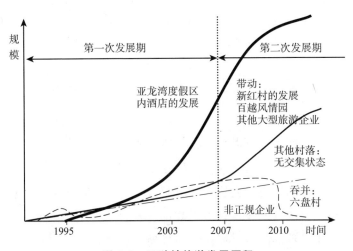

**图 6.2　田独镇旅游发展历程**

第二次发展以 2003 年底卫留成出任海南省委副书记、省长为契机，以 2007 年海南省开始向国家申报国家旅游岛为标志，海南的旅游业开始飞速发展。这种发展又以酒店业和旅游地产的迅速增长为特征。与第一次发展期相比，第二次发展期的依附性有所减弱，主要表现在散客开始增加，度假区的发展在一定程度上对区外带来了涓滴效应，但是主要带动的企业大多为本身就具有较多资金资本和较高人力资本的企业，与区内由社区主导参与的非正规企业之间主要为竞争关系，最后区内的非正规企业基本消失。

与国际上通常所研究的依附发展有所不同的是，田独镇的依附发展是对国内其他地区的依附。中国的自由市场一直是处于尝试中的自由市场，并不是完全放开的市场。就亚龙湾酒店的投资性质而言，大多数酒店为内资饭店，通过引入由全球连锁的酒店集团管理来提升其竞争力，如三亚喜来登酒店，引入了喜来登酒店和度假村集团来管理，但其业主为三亚盈湾旅业有限公司。

　　然而，这样的发展方式虽然避免了对外来资本与企业的依附，但是在发展中却显现出明显的大型企业与中小型企业之间的二元结构，更进一步地，可以说是资本与劳动力之间的二元结构。如图 6.2 所示，亚龙湾度假区在第二次发展期中，所带动的企业均为度假区外围大中型的旅游企业，而区内的劳动密集性的"非正规"的旅游企业，则在发展中被挤出。

# 6.3　度假区发展初期：依附发展

　　从田独镇的发展历程可以看到，田独镇所走的是一条典型的大企业带动下的发展路径。从地理位置来看，三亚处于中国的最南端，自古以来就属于百夷之地最为边远的地方，是历来流放犯人之地；在经济发展方面，由于交通不便利，地方居民直到改革开放之前都过着自给自足的生活，如传统的黎族都是过着刀耕火种的生活，而对于热带地区而言，由于高温高湿，是不适宜农业耕作的，一般而言，热带地区的生产效率本身就低于其他地区（Todaro，2006）；在人力资本方面，1999 年海南的文盲半文盲人口依然占到总人口数的 14.58%，其中女性的文盲半文盲比例为 22%，受过高中及以上水平教育的女性仅为 10.8%，男性为 19.4%，人口受教育水平较为落后。①

　　在物质资源匮乏的情况下，利用自身独特的资源优势，旅游业成为了田独镇的具有比较优势的产业。因此，在改革开放之后，就不断有人注意到海南岛资源作为旅游业开发的优势。亚龙湾的发展受到了国家的广泛重视，1992 年亚龙湾成为中国首批国家级旅游度假区，1993 年 3 月由国家旅游局、国务院办公厅、国家计委、建设部等 17 个部门的 21 名专家组成的评审组召开评审会，决定委托清华大学编制《亚龙湾国家旅游度假区总体规划》，1994 年 3 月 10 日，国家旅游局把亚龙湾国家旅游度假区基础设施建设列为

---

① 海南统计厅 . 2000 年海南统计年鉴 . 北京：中国统计年鉴出版社，2000.

国家重点建设项目。

　　然而，在 20 世纪 90 年代初期，度假村对于国人来说还是个新鲜事物。就是在度假区经历了十多年发展的现在，也很难说国内从学术界、业界到相关政府管理部门，对度假村这一特殊的旅游经济系统有了深刻的认识（刘俊，2006）。而从旅游业的进入性来看，相对于三亚的发展水平而言，旅游业的进入门槛相对较高。首先旅游业是多种产业联合，直到现在，旅游发展依然是以酒店业的发展为主导。即便是酒店业的发展也需要一系列的配套设施的建设。而在 1995 年，电力和水利的基本运营在海南还没有普及，因此，当时的基础建设工程包括中心广场、滨海大道、东污水处理厂、变电站、邮电中心、卫视中心等等一系列项目。

　　当 1996 年中国休闲度假旅游年开幕式临近时，这批基础设施开始面临无法按时建成的危险。在一定程度上，是基于政治舆论的压力（开幕式时中央领导和海外知名人士将到会），亚龙湾公司将增资扩股提上了议事日程（刘俊，2006）。基础设施建设的滞后，直接促成了 1995 年香港经纬股份有限公司的进入。

　　在一定程度上，香港经纬股份有限公司的进入并不是偶然。一方面，海南的资源优势，在一开始就注定了海南外向型发展的命运，如香港经纬股份有限公司的总裁胡经纬早在改革开放初期到海南的时候，就已经看中了亚龙湾做为旅游开发的优势（张亦男，1997）。另一方面，按照发展理论，欠发达地区旅游开发初期会面临一系列如资金缺乏、基础设施建设的滞后、人力资本缺乏等困难，要想通过发展旅游业来带动区域经济的发展，外向型发展是必由之路。

　　亚龙湾经历资源优势—旅游资源优势—当地政府介入—中央政府介入—外来资本介入等一系列的过程后，最终走上了外向型的发展模式。在中国的发展背景下，尽管到目前，国内游客依然是亚龙湾的主要游客市场，但是亚龙湾依然没有逃脱外向型发展的道路。

　　但亚龙湾的正面带动效应存在局限。在本书第 2 章中提到，较为利于区域发展的旅游业，应该是通过对旅游业本身的资本的积累，带来人的集聚，带动其他产业的发展，进而带动整个产业的发展。然而，直到第三阶段末期，亚龙湾对区外的带动效应依然十分有限。主要的带动效应基本还局限于对政府税收的贡献，三亚2003~2006年，地方财政收入占到了地方生产总值的10%左右，促进了以镇政府为中心的商业的缓慢发展。

### 6.3.1 依附发展的影响机制

如图6.3所示，度假区对当地经济的有限带动，在一定程度上让当地陷入了依附发展的局面。当亚龙湾度假区在国内外享誉盛名的时候，很少人知道田独镇是一个什么样的区域。

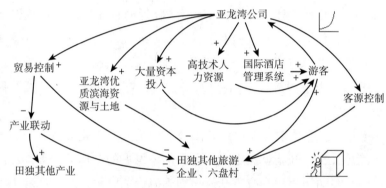

图6.3 亚龙湾与区内社区关系

在客源方面，由于亚龙湾的高消费水平，其主要面向国内外的高端客源市场，旅游业的发展主要依赖于发达国家和地区游客的喜好和偏向。在这种情况之下，酒店业向高星级发展，而奢华酒店一般需要大量的资金、水、能源、食品、建材等的投入，需求更国际化的管理手段和硬件设备，而这些投入并不是当地自身可以完全提供的（Malecki，1997）。这也导致亚龙湾10年的发展过程中，旅游的发展并没有明显带动其他产业的发展。

亚龙湾占据了田独镇最具有游客吸引力的滨海资源，这些最为优质的土地，在开发初期就被政府以廉价的方式卖出，而海滩资源则是免费的，这种靠免费或廉价自然资源获取的收益多数流入了区内的高端酒店企业，之后又通过酒店对进口物品的购买与对外来雇员工资的支付等形式流出了区域。亚龙湾公司对亚龙湾的控制，使得田独镇的旅游开发在一开始就呈现出垄断经营的趋势。也正是由于亚龙湾特殊的资源优势，吸引了大量的国内高端游客的进入。

度假区的发展模式还会形成当地劳动力与技术对旅游业的依附。度假区带来了大量的游客，人流的增加带来了发展的机遇，带动了酒店业相关产业的发展；而酒店业自身的发展也加大了对建筑业发展的需要。产业的发展带来了劳动力的转型，到2005年，田独镇从事非农产业的劳动力（4106人）占到了劳动力总量（23916人）的17%。但是本地人从事的是临时的、低工资水平的、低技能的工作，度假区中的中高层管理人员基本为外来人员。

而直到2006年之前，亚龙湾对田独镇的旅游发展几乎没有出现明显的带动效应，在一定程度上，是一种无交集状态，如在区外的吉阳大道上，作为三亚市大型旅游文化项目的京润珍珠文化馆在1998年建成开业，然而游客数量十分有限。而对于度假区内社区的影响则表现出典型的依附发展的模式，由于亚龙湾公司对于滨海资源的占用，区内社区所赖以生存的资源逐步减少，虽然游客的增长为社区的发展带来了一定的发展机会，但是在社区本身资源匮乏和亚龙湾对贸易和客源控制的情况下，区内社区发展困难重重，最典型的代表就是度假区内的六盘村。

## 6.3.2　依附发展的样本：六盘村

六盘村位于亚龙湾内部，1995年为了度假区开发，田独镇六盘村的2800多村民被集体搬迁至距亚龙湾约5千米、由亚龙湾公司统一规划建设的安置区。而最初，在亚龙湾公司的拆迁安置过程中，六盘村就一直处于弱势的地位。关于六盘村以及田独镇其他区域的资料来自于作者2009年7月16～29日对海南的预调研，以及2010年7月1～13日、2010年8月3～12日对海南三亚的深入调研。

### 6.3.2.1 第一次的征地补偿款被用于兴办公司，公司破产

亚龙湾 1992 年开始发展，1993～1994 年开始建安置区。"当时是市里面还是省里面下的文件说地是国家的，就没有给补偿"（访谈对象 T – BG – 3）。之后，1996 年亚龙湾公司同意给予一定的征地补偿款项，但是该款项在市政府的要求下，"拿所有征地的土地补偿款开了一家公司，叫民族发展股份有限公司，做养鱼养虾，镇领导任董事长，但是后来破产了"（访谈对象 T – BG – 3）。这是 1993 年第一次的征地补偿款。这部分的征地补偿款中有 300 多万元用来投资建设了一间房子，但是在公司破产之后一直处于荒废状态。2006 年才开始租给了一所英才学校，1 年租金 10 万元。

为了征地补偿款的问题，2000 年三亚市田独镇六盘村村民小组东方一队、二队、新村队、青梅队将三亚亚龙湾开发股份有限公司和三亚亚龙湾民族经济发展公司告上法庭，而结果是：三亚中院重审判定后者不承担任何责任，前者再次提出上诉。

### 6.3.2.2 人均仅获得 1 万元的土地租金

在 1996 年之后，土地以出租的方式租予亚龙湾公司，合同中约定，亚龙湾每年应该给予六盘村一定的地租，但是这部分租金被一再克扣。

2010 年六盘村有 3181 人，3 千多万元分到每个人手中仅为 1 万元，这就是他们地租 10 多年的租金。而 2010 年，亚龙湾开发股份有限公司仅因土地使用权转让，所缴纳的国税税款就达 32212.3 万元。两者形成鲜明的对比。

目前村里还有土地 1000 多亩，这仅有的 1000 多亩地在我们调研的时候也已被列为亚龙湾的征地范围，将以每年 2000 元每亩的价格被租用 50 年，政府在村里的公告栏上贴出了征地的具体地点与征地补偿原则。而村民的情况是，上十个村民围着黑板上的告示在讨论，"我们这是上面的哪个地方啊"（访谈对象 T – LP – 2）。村民连接下来自己的那块地会被征走都并不了解。

这最后将要被征用的土地中有 460 亩属于六盘村东方大队的，将被亚龙湾高尔夫球会征用，到 2011 年 6 月，东方大队 70 多户农民中仅有 20 多户签署了征地合同，然而，亚龙湾高尔夫球会已经在清点耕地上的农作物，在

清点并补偿村民后，就将按照计划动工了。

### 6.3.2.3　与亚龙湾国家森林公园形成鲜明对比的破烂安置区

1996 年亚龙湾公司投资 6000 多万元，在度假区外围兴建了面积 13 万平方米的安置区，将区内原六盘村 480 户村民整体搬迁安置，算下来每户房子的建筑费用为 12.5 万元，但是在当时，海南正经历着第一次的楼市风波，房地产业迅速发展，在这种情况下，建筑业人力资源、材料供给等发展的速度远远跟不上楼市增长的速度，海南省在这一时期所建设的房子大多在 2000 年左右被爆破。

目前安置区与亚龙湾整体的奢华形成强烈的对比。在六盘村斑驳的安置房外往上望就是几千元一晚的亚龙湾森林公园鸟巢度假村。而斑驳的安置房里面，居民在下雨天还要在室内用盆子接雨水。道路也已经到处凹凸不平，排水设施陈旧。

而事实上，从 1999 年开始，海南省就开始进行"文明生态村建设"，在全省范围开展整治城镇"脏、乱、差"，以及创建"最适合人居"的城镇环境工作，并加强农村道路建设、村容村貌建设、改水改厕工作。三亚在 2010 年，超过半数的村落已经完成文明生态村建设工作。但是作为在亚龙湾度假区内、为亚龙湾提供了大量土地资源的六盘村，却依然处于如此的局面。

当问到文明生态村的问题时，六盘村的村干部认为：村落过大、建设生态文明村所需的投入过多，导致无法实施。

在对其他村的访谈中，大量文明生态村的建设是通过"政府投一点、公司投一点，村民投一点"这样的方式建成，同时会引入"一帮一"的机制，就是一家公司帮助一个村的形式。而位于亚龙湾内部的六盘村在向亚龙湾公司申请资助的过程中确实屡屡遭到拒绝。

### 6.3.2.4　被日益边缘化的就业现状

旅游业对带动就业的贡献是被研究者所公认的。但是，在旅游度假区内，作为与度假区关系最为紧密的六盘村，就业现状却堪忧。刘俊（2010）对六盘村目前农民的就业现状进行了研究，将六盘村形容为被边缘化的村落。

刘俊的研究结论包括：（1）六盘村在亚龙湾度假区内打工的约有 600 人，约占社区适龄劳动力总数的 40%；（2）六盘村及周围尚未出现以社区为主体的旅游小企业，旅游就业岗位主要是在酒店和景区从事基层服务工作；（3）女性就业明显高于男性，社区家庭文化中也存在着性别不平等、男性好逸恶劳；（4）雇主认为"他们简单活不愿意做，嫌工资低；技术活做不了，知识技能水平低"；（5）社区对旅游就业普遍缺乏进取心。大部分村民满足于目前低水平的旅游就业层次和收入水平，没有表现出高水平参与旅游业发展的渴望；（6）社区相对保守的就业心理和商业意识，以及落后的受教育水平，是六盘安置区在旅游大开发进程中日益边缘化的重要原因。

刘俊认为六盘村这种边缘化的局面主要是由于六盘村自身的思想意识所导致的。但是在作者的调研中，得到了很多不一样的结论：在很大的程度上，六盘村属于"被"边缘化。

首先，六盘村在亚龙湾打工的人数并没有 40%。2008 年，六盘村劳动力数量 1702 人，其中农业就业人数 1488 人，非农就业占到劳动力总量的 11%，在本研究范围内的几个村镇中属最低水平。该结论的产生可能一方面与旅游业就业的特征有关，很多当地的村民是作为临时工或季节工、零工等参与旅游业发展，并不计入正式的统计数据

其次，当地存在着大量的不被认可的非正规旅游企业。非正规旅游企业主要包括：大量（在刘俊的研究中，仅有一个案例，被称为"正在涌现中的年轻精英"）将自家渔船改造之后变为玻璃底船从事海底观光业务的当地村民。在正式的文献中，这些从业者被称为"潜水游击队"（张玉，2010）受到严重的打击。也有村民在田独镇镇区经营农家乐，或者从事建材生意。因此，六盘村其实出现并长期存在以社区为主体的旅游小企业，只是这些小企业均以非正规企业的身份存在。

最后，女性就业明显高于男性仅仅指女性在酒店就业方面高于男性。这种情况仅仅是受酒店业就业特征的影响。男性"好逸恶劳"可能在部分农民身上存在，六盘村原为传统的渔业村落，出海捕捞是他们自古以来赖以生存的生活方式。而渔业本身就是需要男性利用体力驾船出海获取收入来源的行业。在亚龙湾开发之后，六盘村村民就丧失了出海打渔的收入来源，近万亩

土地被征用，也丧失了大量从事农业生产的资本。在第一次征地之后，六盘村全村还剩下 1000 多亩土地，但是由于水源（大小龙潭）被亚龙湾景区所控制，土地的收成十分有限。

综上，六盘村并不仅仅是由于自身原因的边缘化，更多的是"被"边缘化。在被不断边缘化的过程中，村民以后的发展也受到诸多限制，在这样情况之下，虽然部分的村民利用自己地理位置的便利性与渔业的优势，也从事着旅游业活动，但是多数活动被冠以非正规企业的称谓，村落整体呈衰退的趋势。

## 6.4　度假区发展后期：资本与劳动力发展不平衡

2007 年之后，亚龙湾旅游的发展带来了田独镇产业的多元化，但同时也对小型非正规企业产生了挤出效应，资本与劳动力发展不平衡的状况恶化。

### 6.4.1　涓滴效应的样本：新红村与百越风情园

在本书第 5 章的分析中我们看到，酒店业资本的投入有利于相关产业的发展。在 2007 年之后，亚龙湾旅游的发展带来了田独镇产业的多元化。游客的集聚带来了涓滴效应，主要表现在以下几个方面：（1）新红村旅游企业的发展；（2）中寮村委会三公村百越风情园的壮大；（3）大型旅游相关企业的进入；（4）田独镇的城镇化。

#### 6.4.1.1　新红村旅游企业的发展

新红村位于亚龙湾度假村的出口处，为进入亚龙湾的必经之地。与田独镇的其他村落不同，新红村多是新中国成立后由大陆迁入的移民，所以基本为汉族。新红村 2005 年总人数 388 人，到 2008 年增长为 548 人，农业从业者仅为 46 人，多数的劳动力从事批发餐饮业。

2010 年，在亚龙湾出口街道两旁，商铺、饭店、旅馆已经林立。其中大型饭店 3 间,小型店铺 45 间。45 间小型企业中,水果行 3 间,旅馆(酒店)15 间,饭店 13 间,超市 11 间,其他类型企业 9 间,包括药店、休闲会馆、娱乐城、移动通信、高尔夫预订与专卖、商务中心(打印复印等)、汽车修理与服务、网吧等。其中大部分的酒店为新红村本村居民所经营。新红村村民在改革开放之后,大量的村民外出就业,直到 2008 年,都有将近一半的劳动力在外地或外省工作与经商。亚龙湾进入第二次发展以后,游客人数不断增加,游客从最初的大量的商务客,到现在自驾车游客,自由行游客不断增加。如 2011 年春节黄金周,三亚散客的比例占到了 64.6%,50.7% 为重游游客[①]。游客行动空间自由度的加大,使得旅游发展的效应不断扩散,对景区外经济的需求不断增加,因此,近年来大量本来在广东、福建等地经商的本地村民开始回迁。

新红村拥有客房约 300 间,其中最大的酒店有客房数量 56 间,酒店业得迅速发展使新红村已经成为另一个游客集聚中心。

游客的集聚带动了酒店业的发展,同样也带动了饭店业的发展,近几年饭店不断增多,多数的规模较大的酒店为最近一两年内开业。如潮南美食城,规模较大,经营潮州美食,但其实老板一家都是新红村本地人,之前一直在广东等地从事餐饮行业,2009 年,由于看到本地餐饮企业生意红火,于是全家一起从广东回到了亚龙湾,开始经营这家潮州美食城。在调研期间,占地面积约 500 平米,4 层半高的"海南人家"饭店开业。

超市与水果铺面的开业时间相对较长,大多从小卖部开始做起,随着游客的数量与营业经验的增加,以前的小卖部开始打起了品牌,目前已有一家变成了南国特产专卖店,有一家土特产超市正在和春光集团商议加盟事宜。而汽车维修点、商务中心、高尔夫预订中心的出现则使得这个小型游客集散中心的功能更加多样化与完善。从企业的多样性来看,新红村的企业类型比亚龙湾更为丰富。但是唯一的一家娱乐城已经荒废,现在被改成了小店铺。

---

① 张谯星. 三亚过年游客散客占六成. [2011 - 02 - 14][2011 - 08 - 24] http：//hnrb. hin-ews. cn/html/2011 - 02/14/content_323699. htm.

而在田独镇镇区，农家乐也开始形成一定的规模。如新村农家乐、龙门农家乐等。其中新村农家乐已借助网络不断地扩张其客源。

新红村在旅游发展的过程中，在客源增加的情况下，享受到了旅游发展所带来的涓滴效应。

### 6.4.1.2　中寮村委会三公村百越风情园的壮大

亚龙湾客源的增加带动了周边中型景区的发展，如中寮村三亚百越民族文化村（以下简称百越）的发展。

（1）百越从"非法"走向"合法"。

百越位于吉阳镇中寮村委会三公村村口，位于吉阳大道旁的东线高速入口处。百越早在1994年就租用三公村土地137亩，签了30年的合同，早期租金很便宜，租金十年调一个档次。

1994年正值海南房地产泡沫破灭之时，因此，一直到2003年亚龙湾地区开始进入规模化发展期时，百越才开始进入立项阶段。2003年经三亚市企业投资服务中心立项，百越取得三亚市规划局颁发的"建设用地规划许可证"，2005年开始投资建设，总投资1000万人民币，当年底建成并正式营业。2006年利润每月仅3万元，之后开始慢慢增加，2010年景区月收入约10万元①。

直到2010年，百越依然被海南省旅游委划定为非法旅游企业。但在2010年，百越投入1300万元进行景区二期工程建设，目标是"景区的升级改造无论从硬件上、软件上、管理上将遵照'高起点、高标准、高定位'的原则进行，将景区升级打造成为三亚市经典的民俗景区。"

在此基础上，2011年3月7日，海南省旅游委作出决定，鉴于该景区目前投入巨资升级改造，整改成效明显，特向省内各旅行社发出通知，允许各旅行社从3月5日开始，带团进入景区游玩，景区重新"开张"营业。

2011年，景区每日接待组团游客七八十个团，旺季时上百个，还有部分散客，日接待量超过1500人次。

---

① 三公村村长访谈数据。

（2）百越对三公村的带动。

百越的发展对三公村起到了一定的带动作用。

由于三公村在最初与百越签订的合同中，土地主要是以出租的形式租给百越，因此，三公村每年的获益仅是一点土地租金。当时虽曾提到分红协议（15%），但只是口头协议。百越开业之后，三公村也试图和百越签订分红协议，但是最终以失败告终。

不过在一定程度上百越保证了三公村村民的就业。给村民就业的优先权，如果要聘请三公村之外的人员要经过村委员会同意。"三公村村里170个劳动力，有150个在百越工作，其中有摊位50个、保安40名以及一些清洁员。村里有一个12人的建筑小队，主要从事装修、涂料、水电安装等。"

村民在百越工作虽然工资较低，但是工作离家较近，百越提供午餐，因此村民工作较为稳定。百越的发展主要是给当地村民提供了更多的经商机会。百越水果一条街里有50个铺位免费提供给村民，但是不能转租。百越也提供一些限制经营范围的铺位，村民们在赚到钱之后可以继续租用这些摊位。由于百越进入，员工增加，员工有时会出来消费，也带动了村里饮食店的发展。早期村民的铺位位于景区外部，但是2009年搬入景区内部，村民收入有一定的减少。

从产业链来讲，旅游业对农业的带动相当局限。村民的经济来源已经从农业向第三产业转移，村民铺位中所销售的水果多为批发市场进货而来，对本村的产业带动较少。在旅游业发展之前，主要是靠种植槟榔、椰子、水田和蔬菜来获取收入。但与从事其他产业相比，"种田比较辛苦，现在什么都贵，种田没有什么收入"，因此从事农业生产的村民越来越少。即使自家有土地也更多地倾向于土地出租。

整体而言，百越对于三公村的带动依然处于最为初级的层面，带动范围也十分有限，主要局限于三公村内部。

### 6.4.1.3 大型旅游相关企业的进入

2006年之后，在田独镇镇区的吉阳大道两旁，也开始陆续出现各种旅游业相关大型企业。旅游购物专营店（春专营店光、南国专营店，海之润食

第 6 章 旅游度假区的区域影响：田独镇的案例 ◀◀

品有限公司）、海螺姑娘创意文化园，以及大型餐饮店等相继开业，旅游业态逐步完善。如海螺姑娘创意文化园一期工程"海南省螺贝科技馆"，占地22 亩，建筑面积约 4500 平方米，于 2010 年 5 月开始试运营。

## 6.4.2 依附发展的样本：六盘村

与度假村外围地区所享受到的涓滴效应相比，亚龙湾和六盘村之间存在的始终是一种二元的结构，但是二元的结果在旅游业得到飞速发展之后，最终只是以六盘村的"被"挤出而告终。

### 6.4.2.1 非正规观光渔船被销毁

以六盘村村民为主导的玻璃底船海底观光行业是六盘村参与旅游发展的主要行业。但是 2010 年 4、5 月份，三亚市政府对亚龙湾青梅河口（六盘村渔船的出海口）进行封海后，将内河近 170 艘船只（被媒体和政府称为"三无"船只）拖上岸，强行砸毁。

在刘俊（2010）的文章中，海底观光行业 2009 年才开始初次出现。但是在媒体、政府和对当地村民的访谈中，这种"三无"船只是长期存在的，但是由于本次调研的时间为 2010 年 7 月，在村民的访谈中没能获得准确的数据。

徐红罡（2009）认为国家对非正规旅游服务部门的态度不明确、没有统一的政策，更缺少实质性的政策措施，特别是缺少早期的规范管理措施，可能导致家庭旅馆等合理的微小服务企业成为"非法"企业和扰乱市场的因素。因此，六盘村的海底观光船只被作为"三无"船只、潜水游击队而存在。

在这一过程中，虽然有更多的政策表面上对非正规旅游服务部门没有歧视，但是正如 Wall 和 Mathieson（2006）指出许多发展中国家的大部分规划只关心接待设施、基础设施的建设和布局，而由于规划的执行主体是正规部门，很少评估对非正规企业的影响及利益分配问题，使得一些旅游发展的经济政策虽然初衷是为了提高当地的收入，但是结果却相反。

在六盘村与亚龙湾之间的二元结构中，六盘村成为了与亚龙湾的企业存在竞争关系的小企业，而被作为"非法"的小企业，以最终的"被销毁"而告终。

### 6.4.2.2  社区参与旅游业受阻

但这并不是六盘村唯一一次"被挤出"旅游业的事件。在亚龙湾热带森林公园步行街铺位竞争、亚龙湾商业街铺面竞争过程中，他们也一再的争取，但是最终以失败告终。

从理论上来讲，东道社区的利益不应该因为与度假区隔离而被忽视，相反，规划者应高度重视通过度假区开发使当地社区受益。具体措施包括：大力改善社区交通、水、电等基础设施；组织社区培训，鼓励开办小型企业，如手工艺品商店和餐馆为游客提供服务，提高社区参与旅游程度；充分利用本地资源，推进原料供应本地化，如酒店直接由当地渔民提供新鲜的海鲜食品和蔬菜（Telfer and Wall，1996）。

但是，在这些故事中，我们看到的更多的是，在旅游发展过程中六盘村的"被挤出"。

六盘村的户籍人口从 2005 年的 2698 人下降到 2008 年的 2508 人，非农业就业人口从 268 人下降到 193 人。六盘村走上了第三条被吞并的道路。尽管旅游的发展带旺了当地的人气，但是由于大企业与小企业的无交集状态，处于弱势的村落陷入了不发达的桎梏。

## 6.4.3  涓滴效应与依附发展并存：资本与劳动力发展不平衡

根据本书第 2 章的文献综述，要摆脱依附发展的局面，资本的投入应该从实物部门转向人力资源，实现内向型的增长。而实行内向型的发展战略，扶持中小企业是重要的手段。然而，在田独镇的发展过程中，外来大企业所带来的涓滴效应主要表现在对资本密集型产业的拉动，对劳动力密集型的中小企业缺乏带动。企业所拥有资源禀赋的不同（资本密集型与劳动力密集型）强化了贸易的不平等，并使不平等不断加剧。

资本所有者通过资本累积、企业家才能的提升、熟练劳动力与旅游资源的密集使用、生产和工艺等不断进行专业分工，不断自我壮大，并有条件通过与研究院、大学或智囊团的合作获取先进的科学技术来获得更具有竞争力的地位，如高质量的发展规划、企业发展咨询、可行性发展报告、更加专业的管理团队等。在田独镇的发展过程中，百越也是在资本不断投入的情况下开始向正规企业转变，新红村的企业规模不断升级，大型的旅游企业相继进入。

劳动力密集型的企业，缺乏专业分工，大量非熟练的劳动力被密集使用于产品生产，比较优势一直局限于非熟练且生产力不高的活动，被抑制的资本增长、企业家精神培养以及技能的提高，因此逐渐陷入一种停滞的境地。六盘村的企业家们虽然一直在努力提高自己的竞争力，如改用性能较好的马达，使用电子商务等，然而，由于没有形成良好合作的关系，大多通过价格的恶性竞争获取收入。在大型企业迅速发展的巨大压力之下，小企业缺乏自我改进的时间与空间，在发展中的地位不断恶化，又进一步抑制了自身的发展，最终被锁定在不发展的境地。

资本与劳动力的二元对立结构所带来的影响不仅出现在海南，国际上的很多地方都经历过类似的情况。例如，马达加斯加岛一般被认为是社区参与旅游发展较好的一个旅游目的地，当地有 70% 的企业是本地拥有的小企业（Griffin，1998）。但是，20 世纪 80 年代世界银行广泛推进自由市场与私有化进程，而在生产要素自由流动的初期，资本本身拥有较强的竞争力，处于资本弱势的大量从事生态旅游发展的乡村企业消失了（Place，1998）。

根据本书第 2 章中欠发展地区"低水平均衡"的理论，六盘村由于自身能力的有限，在协调失灵（恶性价格竞争，而不是合作）的状况下很难向高一阶段均衡发展，因此，需要政府扶持推动社区的发展。然而，从政府的角度来看六盘村的企业都是非正规的企业，难以在政策上予以帮扶，甚至需要杜绝非正规企业的出现，社区发展被迫中断。

如果资本长期不断地向实物部门流入，中小企业将得不到发展，地方经济发展会陷入依附资本或资源的境地，难以可持续。

# 6.5 度假区发展后期：旅游发展与产业间发展不平衡

## 6.5.1 旅游发展与旅游房地产发展

在亚龙湾的第二次发展中，旅游业发展主要表现为高星级旅游酒店和旅游房地产业的发展。由于房地产业的高投资回报率以及快速的资金回笼，公司的资金会迅速转向房地产发展，海南每次的大发展都伴随着房地产业的迅速发展。近几年在发展国际旅游岛的大趋势下，旅游房地产业再次成为海南经济发展的重要推动产业。

旅游业向旅游房地产业转变。如亚龙湾公司开发了占地超过 600 亩的亚龙湾会公主郡一期和二期房地产项目，开发了占地约 150 亩的亚龙湾高尔夫别墅，同时允许三亚德商房地产开发有限公司度假区内临近亚龙湾国家红树林湿地保护区的地方开发了占地 135 亩的亚龙湾西山渡社区别墅群，占地 150 亩的亚龙湾石溪墅等。

百越的进一步发展规划也同样希望向房地产发展。百越向三公村租用的 137 亩地中，旅游用地 35 亩，林业用地 102 亩。最初，希望利用 102 亩林地来进行房地产开发，只是由于土地性质转型很难办，发展房地产业的可能性不大。这 102 亩林地才变成了现在发展旅游业的储备用地。房地产的吸引力来自开发商对村里给出的高额利润。在百越和三公村房地产开发商的最初协议中，百越给出了每 10 万元收入给村里 1.5 万元的条件，远高于旅游开发的收入分红。目前，村里剩余的位置较好的土地已经被用来作为房地产开发。就在三公村的村口处，沿着吉阳大道已经建起一栋占地面积约 2 亩的养老公寓。

## 6.5.2　旅游房地产开发的影响机制

根据唯发展理论①，如果对发展诉求强烈，那么旅游业可能会在一定程度上被旅游房地产业所导向。在旅游政策的大力推动下，旅游为房地产的增值带来很大的机会，由于房地产业、高尔夫产业等可以迅速回笼资金，发展旅游的热情可能会被发展房地产业所取代。近年来，基于飞地型度假村与休闲度假房产相结合的"Residential Tourism"的发展模式备受推崇。但是这种发展方式更像是一种短期的投资，而不是基于长期发展的战略，大多数研究者对这种发展的模式是持批判的态度。

通常一个滨海旅游地的发展周期是 25 年，然而在 Residential Tourism 模式之下，因为频繁的产权转移，滨海旅游地的发展周期会大大缩短。根据美国国际旅游管理组织的调查②，仅有 2% 的国际游客会在滨海旅游地打高尔夫，但因为高尔夫可以使房地产的价值增加 20% 或更多，大量高尔夫球场在利益的驱动下兴建。但在通常情况下，房地产增值对当地经济的贡献不大。且由于企业投机的天性，其目的并不在长期经营与管理，而在于获得产权之后不断地转手从而在短期内获取利益，这会使得目的地的发展变得极其不稳定。

如哥斯达黎加太平洋海岸的旅游目的地最终就没能逃脱陷入旅游房地产的命运③，在这种"旅游度假村 + 旅游房地产"发展模式之下，旅游度假区对稀缺资源过度使用，威胁当地居民的生活质量。社区居民被迫迁移，滨海资源不再是当地人的休闲场所，当地物价上涨。由于滨海资源的大量出售，当地社区对旅游发展的控制权逐步丧失。在缺乏规划与管制之下，高强度和无约束的当地中小企业得到发展（ant development），这一方面可能导致环境

---

① 指强制性提高资本形成和经济增长的发展模式（Hayami，1995）。以提高资本形成和经济增长为目的的中央计划就是唯发展模式。

② ICT annual surveys for 2007. Golf becomes a key point in tourist industry. ［2011 - 08 - 24］ http：//www. tourism. co. cr/index2. php？ option = com_content&task + vie.

③ 美国斯坦福大学和华盛顿特区的非盈利研究组织"美国负责任旅游中心". Impact of Tourism Related Development on the Pacific Coast of Costa Rica. www. responsibletravel. org.

的破坏，另一方面也降低了目的地的吸引力。这种发展模式还会导致政府管治的欠考虑与缺位。由于当地政府或国家政府体制的不完善，在复杂的和充满冲突的规章制度之下，会产生大量不合法商业行为和交易。具有较高政治地位的该国家或地区的社会精英会通过对当地居民的搬迁来获得具有较高价值的滨海土地的控制权，并且，这种控制权的获得很多时候是通过一些强制性手段，而不是合法的但是麻烦的规章制度和官方的渠道。贪污腐败和任人唯亲等行为会在很大程度上左右旅游地发展的决策，强化旅游地发展的不可持续性。

田独镇的发展也没有能避免这样的情况，旅游发展向旅游房地产发展转型，唯发展模式使得这些情况进一步的恶化，主要体现为：当地居民不仅仅被搬迁，其土地也多数被用来作为旅游业开发，居民不仅丧失了休闲场所，而且基本生活保障的丧失，物价上涨，使生活更加困难；社区在发展的初期就没有取得对旅游发展的控制权；当地导致环境破坏和减低了吸引力的非正规小企业直接被政府强制拆除；合法性与合理性从来都是一个存在争议的话题，土地被强行征用，土地补偿款被无条件拖欠与克扣，土地价格"被"制定，居民话语权缺失；在唯发展论模式为政策意识形态的状况下，免费"搭车"和寻租行为普遍，发展面临道德风险。

理论上，在政策的制定中应该遵循"模糊面纱"的原则（罗尔斯，1988），即只有当缔约各方都对于未来无知时，制定的游戏规则才合乎公平。然而，在政府寻租式的开发之下，大多的相关企业总是希望从制度的缺陷中获取利益，难以保证长期的发展，而且，只要这种相互寻租的网络没有被外来的冲击强行打断，很难自行破裂。

# 6.6　政府的发展对策

外向型的旅游发展本身会带来社会结构的二元分化，对中小企业发展的抑制不利于长期的发展，而唯发展模式使得发展危机重重，旅游发展向旅游房地产发展转变带来经济发展的不可持续性，旅游的快速发展会带来荷兰病等一系列的威胁。

旅游业是一种资源依附型的发展形式，"原材料理论"（Watkins，1963）认为，要想通过资源依附型的经济发展模型向可持续发展转变，其机制包括：（1）人口数量达到能使工商业的规模经济起作用的门槛；（2）从基于开发自然资源的发展成功转移到基于扩大工商业活动的发展，一直到经济达到发展工商业的门槛；（3）公共品供给的支持，制度的完善。

在这种情况之下，本地政府除了促进经济发展之外，还应该利用从资源出租中获取的资金来促进社区的发展，包括对人力资本进行投资、改善基础设施和制度建设，使市场机制有效运作起来。通常情况下，政府不发展教育和道路，并不是想用教育和道路这样的公共品供给不足来抑制地方的发展，只是因为其金融基础非常薄弱（Bardhan and Lewis，1970），还需要对其他产业进行扶持，并不断完善制度。

## 6.6.1　社区的内生发展

可以看到，在许多情况下，市场自由化导致的损害难以弥补，因此强调，在自由市场的同时，政府应该通过调控努力促进收入与权力均等化，减少二元结构的差距（Myrdal，1957）。但是在很多时候，社会政策相对于经济政策来说基本上仍然无足轻重（联合国经济和社会事务部，2011）。例如，宏观经济政策仍狭隘地注重稳定物价、政府预算和经常账户赤字，而不是注重就业稳定。这不仅限制了用于发展目标的公共支出的扩大，而且加剧了外部冲击对就业和收入增长的影响，加剧了经济不稳定，把调整负担过多地加在贫穷者和弱势群体身上。同样，贸易和财政政策继续致力于进一步融入全球市场，目的是提高竞争力和推动实现增长目标，但在多数情况下对创造就业机会、减贫和增强经济安全无多大助益。

在海南发展的过程中，收入的均等化是海南政府一直强调的一个问题。相关政策包括：将学前教育与老年福利纳入政府公共服务体系；十二五规划中，民生投入1300亿元；出台一系列措施解决民生问题：经济适用房、廉租住房、农村沼气工程、农村安全饮水、农村公路、病险水库加固、重点防护林、生活垃圾处理厂、污水处理厂等，实现城乡供电管理一体化、村村通电等①。

然而单单从表面上改善人民生活的政策有效性是有限的。这其中主要的问题是在经济发展的过程中小企业发展与社区参与的缺失。经济发展政策依然是发展的核心，小企业与大企业之间缺乏有效的合作，整体来讲，经济还处于外向型发展的阶段，没有进入内向型发展的层面。

政府对于旅游信息透明化的一系列措施在一定程度上促进了旅游散客的发展，增强了度假区的涓滴效应，推动了中小企业的发展。旅游信息透明化的措施包括：免费发放旅游地图资料、建立了游客到访服务体系（游客咨询服务中心／站、天涯通自助式数字导游系统，自助查询个旅游景区和酒店信息以及进行远程投诉）等。

在这样的发展模式之下，目的地最后是会被边缘化，还是从广泛的发展中受益，最终通过教育水平的提高，人力资本的提高走向可持续发展的局面？这还有待检验。

## 6.6.2　产业的均衡发展

"原材料理论"（Watkins，1963）认为，要想通过资源依附型的经济发展模型向可持续发展转变，其机制包括人口数量达到能使工商业的规模经济起作用的门槛，如果可用于原材料生产的冗余资源在达到这一点之前就耗竭了，是不可能实现可持续经济发展的。

旅游业的发展一方面占用了大量的优质资源，另一方面旅游业的开发对环境带来破坏和污染。如果在旅游资源耗尽之前人口数量不能达到能使工商业的规模经济起作用的门槛，资源的消耗就被浪费了。针对这种情况，对于转型期的地区，建立一个自然资源权属管理的政策是非常有必要的，即将环境保护变为负责制，确定各个地区环境保护与管理的专门负责人。如此，通

---

① 高虹，曾德立．海南，在自我超越中铸就辉煌．［2011 - 02 - 16］［2011 - 08 - 24］http：／／hnrb. hinews. cn/html/2011 - 02/16/content_324355. htm.

过环境定价策略（从目前市场经济的角度来讲，就算是没有制定价格的自然和文化资源也可以用"溢价"① 来评估），让旅游公司为环境破坏来买单，以此来补贴承受了环境破坏后果的当地居民，也可以用来补贴其他产业的发展，也有助于自然资源的长期使用。

"原材料理论"（Watkins，1963）还认为，要摆脱资源依附的发展，必须从基于开发自然资源的发展成功转移到基于扩大工商业活动的发展，一直到经济达到发展工商业的门槛。而从基于开发自然资源的发展到基于扩大工商业活动的发展，需要从依赖一种原材料向依赖基于另一种不同自然资源的原材料的转换，再到第三种不同自然资源的原材料的转换不断发展的过程。

荷兰病的理论认为旅游业的超速发展会导致未来经济的低发展水平，而房地产的快速资金回笼模式让目的地陷入困境。在这样的情况下，对于各产业均衡发展的促进，政府行为是十分必要的。

经济基于本地资源的多样性发展是可持续发展的关键，海南政府也出台了一系列促进经济多样化发展的措施。一方面促进高新技术产业园的发展，另一方面促进高效农业的发展。然而，高新技术产业与高效农业的发展依然采用的是大企业进入，大项目带动的方式，表现为其他产业的飞地型经济。高新与高效就可能意味着，发展并不是基于本地资源的优势，而更强调的是对外来技术和外来资本的引入，这样的发展只会进一步加重依附的局面。

## 6.6.3 制度的逐步完善

新古典贸易模型认为，所有政治制度因素产生的结构刚性，往往限制欠发达国家对于变化着的市场信号采用新古典贸易模型顺利进行反应（Todaro，2006）。各种政治制度因素包括：产品供给的无弹性、缺乏中间产品、货币市场不统一、有限的外汇、政府发放许可证、进口管制、运输和配送欠佳的设施、管理人员和熟练劳动力的匮乏。这些问题进一步限制了旅游发展

---

① 溢价指所支付的实际金额超过证券或股票的名目价值或面值。就环境定价来讲，在不用收费的环境中，游客获得了利益（精神的欢愉），那么游客愿意为这种利益所支付的费用即为该环境的资本溢价。在评估时，旅游学中用到的方法为旅行费用法。

的经济带动效应。政府失效往往被认为比市场失效更为严重。唯发展模式可能在短期内看起来可以带动 GDP 的增长，然而，长期是不可持续的。长期来看，通过经济的发展，促进制度的完善是发展的必要条件。

本书第 5 章已经说明，政府失灵的主要问题包括计划的有效性、寻租与腐败以及对创新的抑制。因此，提高计划的有效性，利用 CGE 模型将经济发展的总体目标细分到各个产业部门，提高政府信息的透明度和对政府人员的监管水平，促进中小企业的发展以培养本土企业家以及提高创新的能力，提高本地人力资源水平等，是有效改善经济发展环境的途径。

从田独镇的发展来看，经济发展计划也开始多样化，政府信息的透明度和对政府人员的监管水平有一定程度的提高[1]，大力推进各种面向村镇的培训项目[2]，以及推动教育产业的发展等，这些在一定程度上推进了制度建设的过程。

# 6.7  本 章 结 论

如图 6.4 所示，田独镇的发展模式是典型的度假区飞地型发展模式，在大发展期对区外带来了一些涓滴效应，依附发展的程度有所减弱，然而，小企业在发展中被挤出，涓滴效应主要体现在对资本密集型企业的带动，资本回报与劳动力回报不平衡的情况加重，政府出台一系列措施，但是有效性有待检验。

早期，亚龙湾度假区的发展模式是一种典型的飞地型旅游发展模式，其发展既没有带动本地的发展，也没有带动相关产业的发展。而区内为亚龙湾的发展提供了大量土地的六盘村，在发展的过程中一直处于被边缘化的状态。1992 年，六盘村的土地征用补偿款被市政府要求用于开公司，但公司破产；1996 年之后，土地以出租的方式租予亚龙湾公司，但是土地租金一

---

① 人民网. 海南政协：加强制度建设　不断提高提案工作水平.［2010 – 08 – 19］［2011 – 08 – 24］http：//cppcc. people. com. cn/GB/34961/200621/200624/12489866. html.

② 如各种农业技能培训班，提供午餐，并有一定的补助。来源：访谈资料。

直被拖欠，在村民追债 10 多年之后才获得，人均仅 1 万元；由于土地使用性质被严格控制，村民人均居住面积仅 10 平方米左右，排水系统瘫痪，大量安置房漏雨；从就业上来讲，六盘村计入统计的非农就业人数在田独镇中属于落后水平，但是大量的六盘村民利用自家的渔船，依托亚龙湾的客源，从事海底观光业务，然而这些企业在 2010 年被认为是非法企业，大量的渔船被销毁。

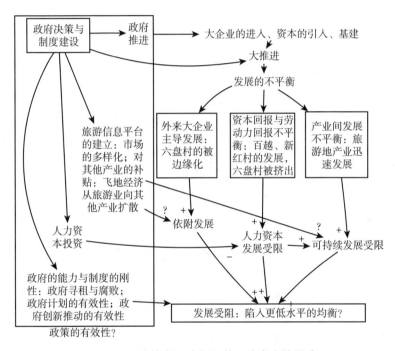

**图 6.4　田独镇发展路径及其可能产生的影响**

　　第二次发展期依附性有所减弱，度假区的发展在一定程度上对区外带来了涓滴效应。田独镇作为中国的一个城镇，其依附发展主要是对国内其他地区的依附，与国际上通常所研究的依附发展有所不同。这样的发展方式虽然避免了对外来资本与企业的依附，但是在发展中却显现出明显的大型企业与中小型企业之间的二元结构，更进一步地，可以说是资本与劳动力之间的二元结构。亚龙湾发展主要带动的企业大多为本身就具有较多资金资本和较高人力资本的企业，如新红村饭店业和住宿业以中型企业为主不断扩张；三亚百越民族文化村从最初被认定为非正规企业，到 2010 年投入 1300 万元之后成为正规企业；占地 22 亩的海螺姑娘创意文化园一期等。而度假区内部六盘村村民所从事的观光渔业被认定为非法企业基本消失。

2007 年之后，旅游业向旅游地产业倾斜，对区域发展带来一系列的问题。如社区对资源的控制权丧失、话语权丧失、生活成本上升等。同时超速发展的模式也带来挑战。

海南政府出台了一系列的对策，但有效性有限。政府出台了大量改善人民生活和提高人力资源水平的政策，但本地消费能力和人力资本素质提高相对缓慢；大力的推动散客市场的发展，在一定程度上促进了涓滴效应的扩散；旅游业的税收有一部分被用来促进高新科技产业和高新农业的发展，但高新科技产业和高新农业的发展只是强调了另一种形式的飞地型经济；在激进的发展政策下，旅游地产业的地位被大幅度提高，而由于制度结构的刚性，制度建设是一个缓慢的过程。在这种情况下，田独镇未来的发展道路依然是困难重重。

# 第 7 章

# 旅游发展停滞期的目的地：
# 东郊镇的案例

## 7.1 东郊椰林风景名胜区发展历程

东郊椰林风景名胜区属于海南改革开放之后最早一批发展旅游业的景区之一，为 20 世纪 80 年代初期第一次海南热的产物。东郊椰林风景名胜区（以下简称东郊椰林）地处海南岛东北部，隶属于文昌市东郊镇，距离海口市 62.1 公里（高速公路）、文城 8.1 公里（省道）。从地理位置可以看出，东郊镇是文昌东部一个突出的鱼钩型尖角，呈半岛伸入海中，而东郊椰林则处于这一尖角的角尖之上，从文昌到东郊的主要交通工具为渡轮，或者多绕两个小时的车程，这种交通状况一直限制东郊椰林的发展。主要的村落为东郊镇建华山村委会，目前有旅游开发的区域占地面积 1 平方公里左右。下面分析东郊椰林的资料除有特殊标注外，均来自于案例调研时访谈和观察所获得的资料，访谈提纲如附录，观察法主要用于对东郊椰林发展现状的记录与观察。

东郊椰林的旅游发展经历和大多数的第一批旅游区一样，经历了 20 世纪 90 年代海南的房地产热潮，同时也随着热潮的迅速消退而进入了发展停滞阶段。发展阶段包括旅游小企业自发式发展—大企业进驻规模化发展—发展衰退期—恢复期四个发展阶段（如图7.1所示）。

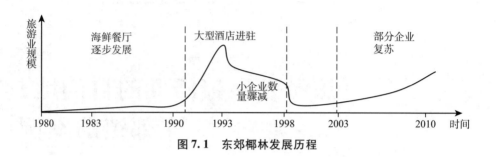

**图 7.1　东郊椰林发展历程**

　　第一阶段：1985～1989年，为自发性开发建设期。该时期，东郊镇海鲜餐厅迅速发展，东郊椰林成为海南的第一处渔家乐旅游目的地。

　　第二阶段：1990～1998年，为规模化发展阶段，大小企业蓬勃发展。

　　第三阶段：1999～2002年，为衰退期。除了百莱玛惨淡经营以外，已有的海鲜馆、家庭旅馆、酒店逐渐没落。旅游大企业逐步荒废，旅游小企业迅速退出市场。

　　第四阶段：2003年至今，发展恢复期。业已荒废的各种旅游企业逐步恢复，各种冬季养老套餐不断推出，东郊椰林成为冬季养老旅游胜地。

### 7.1.1　汽车热带来早期旅游业自主发展

　　东郊椰林发展的第一阶段为自发性开发建设期，处于第一次海南热潮的消退期。虽然汽车的热潮已经消退，但1983～1985年大规模的经济开发已经在一定程度上大大促进了海南的商业发展。从本书第4章的研究可以看到，当时是旅游业开始多样化发展，酒店、度假村、景区、土特产等产业开始繁荣，第三产业迅速发展。由于海南岛特殊的地理位置，18海里的琼州海峡阻断了海南与大陆的天然联系，在20世纪90年代，高速公路没有修建之前，海口是主要的交通节点，琼文公路（海口到文昌）是当时海南省仅有的几条省道之一，邻近海口的良好区位条件给文昌的发展带来了机遇，文昌的经济迅速发展。文昌县乡镇企业第三产业生产总值由 1983 年的 245 万元迅速增长到 1989 年的 4473 万元，其中发展最迅速的是商业与饮食业，产值占第三产业的 50%，文昌的第三产业发展仅次于海口和儋州（当时为儋县）。

东郊镇南端海岸线沿岸交通便捷，是当时距海口最近的可以品尝新鲜海产品、观赏海上日出、拥有优质沙滩资源的滨海地区，在一定程度上成为了海口人的后花园，"很多中小学校都将东郊椰林作为春游和秋游的地点，我们以前小学的时候，就过来郊游"（访谈对象 D – ST – 1）。东郊椰林的称号逐步形成，成为最早一批发展旅游业的景区之一。

海洋渔业是东郊镇的传统行业，建华山位于清澜港的出海口，传统以渔业为生，现在，也有大面积的渔业养殖基地。改革开放之后，文昌县开始商品化经营，早在 1980 年，文昌县的餐饮机构为 412 间（解决就业 2275 人）[①]，居于海南首位，高于海口市（133 间）与琼山县（207 间）之和[②]。到 1986 年，其餐饮机构上升到 1023 间（解决就业 2869 人），依然稳居全省首位，与海口与琼山县之和所差无几。但近年来增加的 611 间餐饮企业仅提供了 594 个就业岗位。餐饮业的快速发展主要表现在小型私有企业的蓬勃发展。东郊椰林在这期间海鲜餐厅迅速发展，发展起来的海鲜企业，也主要是这一类小型的个体私有企业。

## 7.1.2　房地产热带来旅游业规模化发展

### 7.1.2.1　在进一步的经济开放政策下，旅游地进入发展鼎盛期

东郊椰林发展的第二阶段为规模化发展阶段。在海南第一次房地产热的带动下，海南全省经济快速发展，文昌第三产业飞速发展，第三产业乡镇企业 1991～1993 年产值分别为 5937 万元、9084 万元和 19645 万元，连续两年

---

[①]　海南统计厅．海南统计年鉴 1987．北京：中国统计出版社，1987.

[②]　当时琼山县未并入海口市。

以成倍的速度增长，发展的主要产业为交通业和饮食业。与文昌餐饮业的发展相仿，东郊椰林的海鲜餐饮业也经历了类似的疯狂发展过程。

### 7.1.2.2 外来大企业的进驻促进了生产要素的积累、技术创新与扩大的细分市场

餐饮与交通的发展促进了各类大型企业的迅速增加。小企业在前一阶段迅速积聚，游客已经形成一定的规模，加上东郊椰林本身优美的环境与海岸资源，较好的发展前景，吸引了各种不同类型的外来大型企业进驻，包括有着大型港资工业集团背景的百莱玛度假村①。1989年，百莱玛度假村作为文昌最早由外资投资建设的旅游项目进驻东郊椰林，1991年正式营业。百莱玛度假村占地200亩，第一期投资约4000万元，百莱玛度假村的进驻标志着东郊椰林地区开始规模化发展。本地精英也开始进入旅游业，1990年和友度假村、和友海鲜舫建成开业。政府部门、外来私人企业也不甘示弱，椰林万国度假酒店、海景椰庄度假村、椰林舫等酒店随后建立。

百莱玛度假村建成之后，其独有的巴厘岛式的海边木屋和沙滩躺椅成为东郊椰林的主要吸引物；目的地开始通电，引入电视机、淡水游泳池、歌舞厅等硬件设施，娱乐性增强；专门的管理人才进入。旅游业开始多样化发展。在百莱玛度假村、和友度假村建成之前，东郊椰林主要靠海鲜餐厅吸引游客，经营形式单一。

酒店的建立改变了一日游的状况，游客停留时间增加，以酒店为中心，各种旅游纪念品店、生活用品店、家庭旅馆陆续开业。借由征地获得一定赔偿的四户人家开始经营家庭旅馆。1995年，拥有50个铺位的椰子街建成，从建华山旅游码头到百莱玛度假村的主道两旁布满了各种旅游企业，旅游业发展的规模和多样化的发展业态基本确立。当地一些海鲜店主回忆，当时生意好的时候每天有1万多人来东郊椰林吃海鲜，最多时达到64家海鲜店。区内经营范围包括酒店、海鲜馆、家庭旅馆、旅游纪念品店、旅游景点等，旅游业从单纯的渔家乐向综合性的度假景区转型。

① 占地近200亩，已获批兴建一个五万多平米的五星级酒店。

### 7.1.2.3  政策收紧后目的地的迅速衰退

1993 年 6 月，国务院《关于当前经济情况和加强宏观调控意见》（通称"国 16 条"）出台。在包括严格控制信贷总规模、提高存贷利率和国债利率、限期收回违章拆借资金、削减基建投资、清理所有在建项目等一系列宏观措施的调控之下，房地产泡沫迅速破灭，海南经济实际增速变为负值。

严格意义来说，文昌的餐饮业只红火了 1993 年一年。1994 年商务游客急速下降，供给大大超过需求，商业、饮食业迅速萎缩了 96.2%，在低价恶性竞争中，大量的老字号倒闭，餐饮业 10 年的发展积淀尽毁，跌至 1984 年的水平。东郊椰林的海鲜餐饮业在 1993 年"随便搭个棚子就赚钱的"情况下搭起的草棚在经历几次台风之后，消失殆尽。

在楼市泡沫迅速破灭之后，东郊椰林一部分酒店成为烂尾楼，一部分在这段经济最低迷的时期完工投产，还有一部分进入蛰伏期，现存的还未建成依然倒闭的烂尾楼则成了"楼市泡沫"最好的见证。

虽然整体经济衰退，但 1995 年东线高速海口至文昌段的开通，在一定程度上缓解了东郊椰林的客源衰退趋势，客源从单纯的美食一日游游客向度假观光型游客转变。1995 年，百莱玛度假村年营业额 400 多万元，入住率 60%，全年接待游客约 4 万人。

## 7.1.3  客源转移旅游地进入衰退期

然而，1998 年，随着海南省东线高速的贯通，相对于兴隆、博鳌而言，东郊椰林游离东线旅游圈，东郊镇整个镇呈半岛伸入海中，与外部的交通联系主要依靠渡轮，这大大降低了东郊椰林风景名胜区的竞争优势，随着三亚、兴隆、博鳌等地旅游的升温，在兴隆旅游区的快速发展之下，东郊椰林的旅游发展受到严重冲击，东郊椰林风景名胜区的旅游产业已显示出逐渐被边缘化的态势。

1999 年之后东郊椰林旅游业迅速衰退，除了百莱玛度假村惨淡经营以外，已有的海鲜馆、家庭旅馆、酒店逐渐没落，一部分变成私宅，一部分别墅至今仍杂草丛生。而最具标志性的建筑则是主道西南拐角处的一栋占地面积约 800m² 的高层建筑，在 20 世纪 90 年代末期，还没有完全建成便已然荒废（2008 年的时候进行过一些维护，但是至今仍为半成品状态）。

旅游大企业逐步荒废。大企业主要为酒店，从酒店业的产业特性来看，酒店前期投入主要为固定资产投入，整体改型可能性较小，在遭遇发展危机之后，大多处于闲置状态。由于发展的停止，外来的高层次人才流失。

旅游小企业逐步退出市场。对于小企业而言，进入成本与投出成本相对较低，许多在旅游兴旺期搭个茅草棚子就是一个海鲜酒家，在旅游发展衰退之后，大多转型或者已经消失，目前已难以寻觅以前经营的痕迹。

### 7.1.4　国际旅游岛与旅游发展恢复

2003 年至今为东郊椰林的发展恢复期。以 2003 年第一个在家庭旅馆冬季度假老人的出现为标志，之后冬季过冬的老人逐渐增多。东郊椰林风景名胜区接待游客量从 2003 年开始增幅超过 10%，2004 年增幅达 26.02%①。业已荒废的各种旅游企业逐步恢复，各种冬季养老套餐不断推出，东郊椰林逐步成为冬季养老旅游胜地。

## 7.2　旅　游　发　展　停　滞　与　更　低　水　平　的　均　衡

从东郊椰林的发展可以看到，旅游业的发展一方面受宏观经济的影响，另一方面受目的地竞争的影响，对周边经济环境变化十分敏感，旅游业有着明显的脆弱性。在旅游业衰退之后，旅游业的发展出现了被动本地化的局面，主要表现为大企业的本地化和家庭式企业。大企业如百莱玛度假村，其高层逐步流失，员工的中高层均开始本地化；在客源有限的情况下，由于经营与管理成本问题，大型酒店被本地人承包，大型外来企业开始本地化。家

---

① 2002～2020 东郊椰林旅游总体规划说明书。

庭式企业广泛存在，成为旅游企业的生力军。

## 7.2.1　旅游企业本地化

### 7.2.1.1　百莱玛度假村的本地化

开放的市场可以带来要素的流入，但往往会导致欠发达地区的生产要素向发达地区流失，并不断强化欠发达与发达地区之间的差距。

1995 年以来，百莱玛度假村旅游收入连年下降，度假村年营业额从 400 万元下降到 2002 年的 226 万元，年平均住房率由 60% 降为不到 30%。[①]“在 2000 年，我们甚至几天见不着一个客人”（陈玉镁），在酒店无法自给自足的情况下，靠其母公司的转移支付才使得百莱玛度假村维持了日常经营。

大型企业对于风险抵御的能力在一定程度上增强了目的地可持续发展的可能性。在 1995 年周边经济迅速走低的情况下，目的地依然维持着一定的经营业绩。有着强大集团背景的百莱玛度假村，拥有一部分商务客源，有专门的市场营销团队和门市部；1997 年百莱玛度假村再次引进 4 名高级酒店管理人员，其中 1 名一直作为酒店的主要负责人工作至今。

在客源缺乏的情况下，发展机会缺失，之前进入的外来高管不断离开，为了节约成本，大企业的员工收入较低，大多来自本地，并可以上升到客房经理、餐饮经理等中层管理的职位；“1997 年，我开始过来做办公室主任时，同时过来的有三个人，还有两个比较懂旅游和酒店的人，但之后由于酒店经营状况不好，没有什么发展的前景，也就都走了”（访谈对象 D－BM－1）。招聘的过程中，由于本地员工占据了主要地位，本地的关系网络也就成为了招工的关键。“招聘主要都是介绍，他想做工就过来问，你百莱玛有没有招人，有工就过来面试。”百莱玛度假村员工的本土化，在一定程度上可以说是由于发展滞后所导致的被迫的本土化。

---

① 海南景点景区反思——东郊椰林：昔日辉煌难重现 ［2004－07－12］［2011－08－24］http://www. hainan. net/cgi-bin/news/news_read. asp? id=218727.

### 7.2.1.2 其他旅游大企业的衰退

由于经营与管理成本问题，东郊椰林除百莱玛度假村外的大型酒店基本荒废，或已被私人承包，主要接待冬季度假老人，大型外来企业开始本地化。椰林湾国际大酒店引入武汉东西湖啤酒（集团）股份有限公司作为大股东。

椰林湾国际大酒店占地 15 亩，建筑面积 8770.15 平方米。最初为海南创大旅业有限公司所有，1997 年武汉东西湖啤酒（集团）股份有限公司购入 65% 的股权，后外包给私人经营更名为"椰林万国度假酒店"。在百莱玛度假村以东约 1 公里的地方则是另一家海景椰庄度假村，并获得了海南省旅游局颁发的旅游定点单位和涉外旅游定点单位的铭牌，然而，这两个铭牌已经布满灰尘。价格牌中，带空调、彩电、电话与热水器的豪华套房的价格是 688 元，但在询问中，目前酒店所有的空调已不再使用。住宿一晚的价格是 50 元，尽管价格低廉，酒店依然无人入住。酒店也并无专职的服务人员，已外包给私人经营，在旅游淡季只有一对年轻的夫妻带着年幼的小孩照看着酒店。据称，在冬天的时候，会有老人过来过冬，包吃住一个月的价格是 1100 元。酒店与客人的关系在一定程度上仅仅是一种出租与租赁的关系。其他几间酒店的状况也大致如此，或已完全处于荒废状态。

在产权不断变更，游客季节性强，利润极低的情况之下，酒店运营状况差，维持现状尚且困难，更新换代与设施维护更是难以实现。海景椰庄度假村的酒店大堂屋顶的油漆大多剥落，卡拉 OK 房外有着明显的火烧痕迹，园内杂草丛生，椰林万国度假酒店的房间里有着久久无人居住的味道，处处显示着目的地衰退的迹象。

### 7.2.1.3 小企业成为发展的生力军

从企业的资本投入看，目前东郊椰林除了几家酒店所需资本投入较大之外，其他的均属于自我雇佣型企业。在旅游复苏的过程中，家庭式企业成为了旅游企业的生力军。

目前，尽管东郊椰林在海南旅游中的地位已逐步衰退，但其依然是旅游线路中的一个重要景点，因此也有一定的团队游客接待量。东郊椰林作为海口市民的郊游胜地，目前依然以海鲜出名，每天中午均有一些自驾游的游客慕名而来。一般的行程是早上到达东郊椰林，海滩上游玩，中午吃海鲜，然后离开。当然，也有很多的游客自带粮食，基本不在当地消费。

因此，在旅游核心区 1 平方公里的范围内，可以看到有招牌的各类企业 54 家，企业类型丰富，包括酒店 6 家，家庭旅馆 7 家，海鲜餐饮店 9 家，购物店 17 家，观光小车两种，小卖部 7 间，以及主要顾客为当地村民的菜肉档等 6 间。其中大部分为小企业（如表 7.1、表 7.2 所示）。

表 7.1　　　　　　　　　　东郊椰林旅游企业结构现状

| 企业类型 | 总数 | 全年营业 | 季节性 | 已荒废 |
|---|---|---|---|---|
| 酒店 | 6 | 1 | 3 | 2 |
| 家庭旅馆 | 8 | 2 | 4 | 2 |
| 海鲜餐饮 | 9 | 7 | 1 | 0 |
| 购物 | 17 | 16 | 1 | 0 |
| 娱乐 | 2 种 | 2 | 0 | 0 |
| 小卖部 | 7 | 7 | 0 | 0 |
| 村民生活 | 6 | 4 | 2 | 0 |

资料来源：作者实地调研。

表 7.2　　　　　　　　　　东郊椰林旅游企业现状

| 企业类型 | 企业名称 |
|---|---|
| 酒店 | 百莱玛度假村、椰林万国度假酒店、海景椰庄度假村、椰林舫、和友度假村、显发度假村 |
| 家庭旅馆 | 椰村旅馆、港门旅馆、椰林村旅馆、滨海旅馆、椰林旅馆、隐园 |
| 海鲜餐饮 | 金龙海鲜酒家、泰华海鲜店、醉香园、10 哥海鲜舫、和友海鲜舫、平价海鲜酒店、椰林渔庄、华芳海鲜馆（少） |
| 小卖部 | 椰林小卖部、鸿发第一商场、百莱玛度假村对面两家，百莱玛度假村隔壁 3 家 |
| 村民生活 | 小食店，早餐店，蔬菜店，早上在烂尾楼前部有几间卖肉的档口、一家摩托车修理店、源利食店 |

| 企业类型 | 企业名称 |
| --- | --- |
| 购物 | 椰林精品行，百莱玛度假村门口 16 间 |
| 私宅 | 公寓楼两栋，码头 - 椰子街沿线 3 间，椰子街 14 间，征地后位置不好没有发展起来 1 间 |
| 旅游景区 | 椰子公园、海上森林公园、文笔塔 |

资料来源：作者实地调研。

旅游纪念品店是小企业的主要形式。旅游纪念品店基本依附于百莱玛度假村而存在。纪念品店档口本来位于百莱玛度假村往西向海滨方向的道路上，但是在"烂尾楼"圈地之后，在东郊椰林风景名胜区管委会的协调之下搬迁至百莱玛度假村门口西侧。现有档口 20 间，其中 16 间旅游纪念品店，2 间小卖部，1 间菜店，1 间水果店。店铺基本为夫妻两人或一人经营。

目前东郊椰林全年正常营业的家庭旅馆仅有 3 家。从地理位置来看，这三家均与百莱玛度假村毗邻，按照离百莱玛度假村由近至远的顺序分别是椰村旅店、港门旅馆、椰林村旅店，它们均处于交通要道，游客较容易发现的位置。

海鲜酒家就是东郊椰林最主要的旅游接待载体，到目前，海鲜酒家依然是东郊椰林的主要吸引力之一。目前全年营业海鲜店 7 家，在旅游淡季，基本靠一家人自己经营，在旺季则需要雇佣人手。如金龙海鲜酒家去年雇佣了 20 多个伙计，月工资为 600～700 元。

目前东效椰林全年营业的企业已经不多，主要的支柱型企业为百莱玛度假村。以百莱玛度假村为中心，距离百莱玛度假村较近的椰村旅馆、港门旅馆、椰林村旅馆在旅游淡季依然能有一定的营业额，在百莱玛度假村门外一字排开的 16 家购物店依附着百莱玛度假村的游客也能每天开门迎客。海鲜店的生意相对较好则是以本地人光顾为主的平价海鲜店。

## 7.2.2　本地化与低水平均衡

企业的被迫本地化实质上是陷入了更低水平的均衡。

### 7.2.2.1 百菜玛度假村的低水平均衡

百菜玛度假村的低水平均衡主要表现在以下几个方面：工作细分程度不高，资本投入水平低，技术水平低，人力资本缺乏，发展机制受限，稳定的员工结构节约了成本，在一定程度上促进了企业在低水平均衡的状态下长期发展。

以百菜玛度假村为例，从劳动力分工来讲，工作细分程度并不高，往往一个人身兼数职，也没有接受过正式的培训，虽然本地员工可以升到中层管理人员的位置，但从知识积累来讲，大企业中层管理人员的管理水平与家庭旅店的管理人员相比，也没有太明显的差异。从资本投入与积累来讲，百菜玛度假村主要的投入为建成初期圈地以及房屋建设的费用，200 亩的土地上也仅仅建成了造型普通的一栋两层的砖瓦结构楼房与几栋小型木屋。建成之后，主要的投入是每隔三年进行一次修葺的费用以及对台风造成破坏的修补。

从技术扩散的角度来讲，几乎很少需要外来先进的技术对内扩散，如发展策略的选择、管理的手段、信息获取、市场营销、资本的运营等。这种主要靠"干中学"的自我摸索发展模式只是非常缓慢地推动着当地的发展，与周围快速发展的步伐相比，特别是在建设国际旅游岛的宏观背景和各地区旅游业飞速发展的情况下，东郊椰林的发展显得更加微不足道。

高素质人力资本缺乏，随之而来的是发展机制的丧失。由于专业管理人员的流失，即使东郊椰林最大型的度假村百菜玛度假村也不具有长期的整体的发展目标和管理体制。作为一个盈利性企业，即便是在目前海南冬季养老度假供不应求的状况之下，企业经营状况良好，也并无实质性的发展计划或市场扩张计划。其培训系统琐碎而随意，虽然包括岗位培训与酒店意识培训，但这种培训仅限于班前班后，"像个团队一样，看有问题多就培训多点"（访谈对象 D – BM – 1），而缺乏有规律有组织的培训计划与目标。在发展的过程中，百菜玛度假村并没有建立起相应的规范化的信息沟通系统，也没有规范的管理体系和高技能专业的管理方式。发展机制丧失导致生产要素的进一步流失。目的地陷入欠发达的状况。

这种大多为本地人的员工结构使得整体结构较为稳定。相对稳定的员工结构和本地的劳动力，使企业可以保持相对较低的维护成本，在盈利较低的情况下长期发展。从员工的情况可以看出整体结构的稳定。负责代客出海捕鱼的符大叔（40 多岁）就是这样的一个典型代表。符大叔在 20 世纪 90 年代房地产快速发展的年代，是一名木匠，靠帮人打家具，做木工为生，经济衰退之后，对木匠需求也相应减少，于是进了酒店，白天帮酒店做一些维修的工作，到了晚上有游客的话就带游客去捉螃蟹，一个月可以获得 1500 元的工资。这样的工作一做就是差不多 10 年。而另一位则是酒店的一个中层经理（30 多岁），管理着十多名员工，在毕业之后，就进了酒店工作，几年后发现发展空间受限，工资低，于是外出务工，但是在外工作不久，发现已经适应不了外面的生活，于是又回来，继续做起了酒店的这份工作，白天工作，晚上和朋友喝喝酒，也再没有了离开的打算。而作为度假村外来的最为主要的酒店高层陈总，也一样认为，"这里空气好，风景也好，习惯了这里的日子，回不去城市里面了。"（访谈对象 D–BM–1）陈总目前已经 67 岁，但仍然健朗地管理着度假村的一切事务，而且他打算一直做下去。熟悉的环境、舒适的海风，一拨习惯慢节奏生活的人就这样稳定在度假村。这种情况的出现也与百莱玛度假村自身的性质有关。

百莱玛度假村隶属于一家生产和销售的沥青系列机械设备的大型工业集团——百莱玛集团。尽管百莱玛集团在国内多处拥有物业房地产及土地，但海南百莱玛度假村是该集团旗下唯一的旅游企业。该度假村的性质在一定程度上与企业下属的疗养度假酒店类似。

### 7.2.2.2 纪念品店的低水平均衡

在客源缺失、发展长期停滞的情况下，纪念品店目前少有资本投入，为典型的自我雇佣型企业，发展面临一系列的阻碍，店主为中老年人，维持现状成为大多数人的选择，处于一种低水平均衡的状况。

从纪念品商店的资本投入来讲，一方面它的铺面不需要租金，另一方面，不需要专门雇佣劳动力，经营成本较低。只有少数几家是租用别人的店铺，经营时间均超过 10 年。旅游纪念品店的主要经营范围包括珊瑚制品与珍珠制品，少数的椰壳制品。由于进货成本较高，有一定的进入门槛，加上珍珠养殖技术的改进，珍珠价格不断下跌，珍珠纪念品的利润下降。"珍珠制品在 90 年代的时候买的比较贵，现在买几十块的项链以前要几百块，价格都是逐渐降下来。"（访谈对象 D - SE - 2）因而近年来，基本没有新进入企业。

从人力资本投入来讲，小企业为典型的自我雇佣型企业。没有工作细分，不需要系统的学习与技能的提高，不存在契约的关系。从合法性来讲，不进入政府的管理范围，也没有税收的概念。从游客细分上来讲，主要是在百莱玛度假村过夜的团队游客，游客自由时间较少，因此，客源竞争激烈，物品往往以最低的价格出售，利润极低。

总的来说，纪念品店发展的阻碍包括：（1）资源的缺乏。由于客源主要依赖于百莱玛度假村的团队游客接待，游客的活动范围十分局限。因此，在店主的眼中，可供发展的资源仅仅包括百莱玛度假村附近几百平方米的土地，而目前的空地均已在 1995 年或更早的时候被开发商圈走，因此，虽然有大片的空地，但是对于店主讲，可以扩张的土地资源已然丧失。（2）管理体系的缺乏。在长期自我雇佣型的发展方式之下，店主增长的仅仅是销售的技巧而不是管理的技巧。在管理体系和手段缺失的情况之下，企业的发展被局限于个人的发展。（3）私人化的发展目标。经营可能只是一种习惯了的生活方式，"有些人喜欢在北方生活，有些人喜欢在南方生活。如果想在这边住，喜欢这边的环境就会想办法过来租店做生意。就像你们，如果你们喜欢这里，也可以过来租，一样道理的嘛"。（访谈对象 D - SE - 3）（4）信息渠道的局限。个人的人际关系网络是信息获取的主要途径，但在一个封闭的小型的企业圈里，个人所能获得的信息十分局限，也并无创新的意愿。从技能提升方面来讲，更多的只是在相互竞争的过程中不断学习。由于货源相似，游客量少，店主可以迅速地分辨游客先进了谁家的店，在游客有了一次价格经验之后，销售的竞争就被锁定在低价竞争，多数的情况下物品以低价出售。（5）短期的发展目标。大多企业没有一个长期的发展目标，在这个整体氛围懒散与松懈的地方，大多数人已经对他的发展放弃了希望，有发展能力的人也将眼光投到外面更加广阔的世界。纪念品商店这类小企业处于一种低水平均衡的状态。

发展并不是一个受重视的话题。由于多数的业主从 1991 年开始经营，从最初的初婚夫妇，或者是中年人，到现在也已经是年逾 40，在这样的年龄结构之下，转行已然不再现实，而客源有限，发展困难重重，维持现状就成为多数人的选择。

从租金的变化可以看到，从 20 世纪 90 年代末期开始（年租金 5000～6000 元），东郊椰林的大众旅游业开始衰退，2003 年之后，虽然冬季度假老人开始增加，但老人的消费能力有限，因此纪念品店的租金逐年下降，到现在年租金降至 1500 元。在较低的租金成本之下，菜店进入。从珍珠店与菜店并排经营就可以看到，旅游纪念品店的利润已与菜店的利润相差无几。

### 7.2.2.3 家庭旅馆的低水平均衡

目前依然在全年营业的三家家庭旅馆是当年百莱玛度假村征地时有土地被征用的 5 户人家中地理位置较好的几家，但同样处于低水平均衡的状况。从房价和旅馆所提供的服务来看，店主与游客的关系更多的是一种包租与承租的关系，发展机制缺失。

1990 年百莱玛度假村以每亩 10000 元的价格征用土地，有 5 户家庭从中获得了一定的征地款项，几家人按照获得款项的多寡建了大小不同的楼房，在楼房建成之后开始作为家庭旅馆经营，如港门旅店。3 家旅馆的开业时间均为 1992 年左右。最早开业的为离百莱玛度假村最为接近的椰村旅店，1992 年开业；港门旅店则 1992 年开始动工建设，1993 年开业，12 间客房，总投入 12 万元，在建成之后，楼房整体的修整较少，目前大多也没有扩建的打算。只有 1 家旅馆 2010 年开始在椰林村旅店向东的位置准备新建一栋 4 层的楼房，但是其资金来自于主人儿子在清澜捕鱼，其用途也并非旅馆扩建，仅仅是为了在以后的征地拆迁过程中可以获得更有保障的补偿。

从旅店的室内装潢来看，大多旅店没有旅店经营的经验。如椰村旅店和椰林村旅店还有部分没有卫生间的房间，非全年营业的旅店均没有空调。由于海南全年气温较高，本地人没有用热水洗澡的习惯，在热水器普及之前，旅店没有用于洗澡的热水。从设施上来看，旅店只适用于接待中低端游客。

从劳动力来看，虽然冬天客源较多，但是对于过冬的老人，旅店并不提供房间清洁服务，所以旅店的主要任务只是收取租金与少数几间针对游客客房的服务，因而基本为自我雇佣式经营。主要的劳动力为老人与妇女，男性劳动力一般在外面从事其他的行业。

从客源来看，在发展初期属于百莱玛度假村的客源外溢，而后期则有一部分的口碑效应。椰村旅店店主的儿子在百莱玛度假村做保安，获得了一定的客源基础，客源从椰村旅店向东扩散。因此，椰村旅店－港门旅店－椰林村旅店在旅游淡季呈现出明显的 70－60－50 的级差地租的形式。从过冬老人进入的时间来看，2003 年椰村旅店有第一个来自四川的退休老教师入住，之后在老教师的宣传之下，过冬老人开始增加，2006 年港门旅店也开始接待过冬老人，近年来过冬老人逐年增多，荒废多年的椰林村旅店开始重新开业。过冬后离开的老人临走时会预订下一年的房子，大部分房间留给过冬的老人住，还有几间用来接待游客，一般冬天都会住满，但平时不会涨价，只是春节的几天会涨价。从每月 1000 元的租金来看，价格并不高，从目前酒店荒废的状况来看，还有一部分荒废的旅店甚至在最旺的冬季也不曾开业，可以推测冬季的客源也还没有出现供过于求的状况。

#### 7.2.2.4　海鲜酒家的低水平均衡

海鲜酒家多为依托东郊镇本身的渔业优势而发展。但在客源缺乏的状况下，主要依靠恶性竞争维持经营，或面向本地客源。海鲜酒家同样面临着低水平均衡的状态。

从资源获取上来讲，由于临近出海口，海鲜酒家可以很方便地廉价向渔家收购海产品，大部分的酒家自己也养殖海产品。也有专门从事海产品销售的企业，为了便于自己接待买家，就在东郊开起来海鲜酒店。"经常有上面（东郊）的朋友下来向我们买了海鲜之后去别的地方加工，但结果加工费比海鲜还贵，所以后来就直接开了这家店。"（访谈对象 D－SE－17）

目前，经营较好的企业主要面向本地顾客如人流量较大的平价海鲜酒店，或者是有一定的客源基础，如主要从事海产品销售生意的椰林渔庄，和已有较好口碑的和友海鲜舫。而金龙海鲜酒家、泰华海鲜店、醉香园等则主要依赖拉客生存。恶性竞争导致宰客的现象频生。在经营的过程中，价格与重量的不透明也使游客在购买时难以安心,如在熟人介绍下 300 元就可以购买到的龙虾餐,对游客的价格为 500 元。

### 7.2.2.5 协调的缺失

百莱玛度假村作为东郊椰林的大型企业,在东郊椰林衰退之后,也投入了一定的精力来维系其长期发展。在 2000 年,百莱玛度假村利用媒体宣传来提高东郊椰林的吸引力,以东郊椰林风光为主体发行《中国——古巴海滨风光》邮票。在 2000 年之后,百莱玛度假村开始经营出海拉网捕鱼、夜间沙滩捉蟹、沙滩竹竿舞晚会等一系列参与性的活动来提高酒店的入住率。一系列的创新性经营手段使酒店度过了最为低迷的时期,在几年后重新发展。

但政府作用是缺失的。虽然在旅游发展过程中,政府也在不断的介入,1989 年百莱玛度假村的进入即为政府大力招商引资的结果,在 1993 年,政府圈定了 16.5 平方公里的土地建立了东郊椰林风景名胜区。当时区内海岸线长 20.5 公里,有椰树 70 万株,椰林面积 3 万多亩,委托天津城乡规划设计院海南分院对东郊椰林进行规划。规划将东郊椰林分为热作田园景区、红树林名胜景区、椰林自然风景区、文化景区 4 大功能区。1993 年 6 月成立了东郊椰林风景名胜区管理委员会。然而在房地产泡沫破灭之后,管委会基本处于闲置状态。虽然在 2005 年进行了第二次旅游发展总体规划编制,但是作用不大。在缺乏外力推动的情况下,各种协调的缺失,低水平均衡长期维系。

## 7.2.3 其他产业的多样化发展

旅游产业发展的停滞,促进了当地经济的多样化,但其他产业也大多处于低水平均衡的状态。旅游业发展停滞之后,东郊镇开始转而寻求其他产业的发展。1999 年文昌开始广泛地种植椰子,全市当年新种椰子 56790 亩。2002 年东郊镇全镇国内生产总值达到 3.29 亿元,地方财政收入 556 万元,其中椰子工业产值 1.95 亿元,缴纳税金 296 万元,解决 2000 多人就业。2009 年年末实有椰子面积 44969 亩,收获面积 35819 亩,椰子总产量 8923354 个。优越的椰子资源使东郊镇成为了海南省主要的椰子加工集散地。

东郊镇培育了目前海南的主要椰子加工企业海南文昌市春光食品有限公司（以下简称春光公司）。春光公司由出生于东郊镇椰林村的黄春光①创办于 1996 年，年税收 300 多万元，直接带动就业 2800 多人。间接带动了海南省椰子原料供应业的发展，目前春光公司年收购椰子 2000 万个，以椰子的收购价 2.20 元计算，直接给当地农民增加收入 4000 多万元。在海南旅游业快速发展的大环境之下，春光公司开始建立自己的专营店，到 2010 年 7 月，在岛内共有 58 家旅游特产专营店。

然而，除了春光公司以外，椰子产业依然是以低水平发展的小企业为主。由于廉价劳动力、低价竞争和非正规化经营是企业获得利润的主要来源，小手工作坊缺乏发展的意愿，技术的改进依托于上游企业的技术进步后对下游产业要求的提高，管理者受教育层次低，信息缺乏，在有关销售、分配、存货控制、交易处理、工人动员等方面的知识储备主要来自于已有的经验，难以获取发达地区用于产生经济价值的观念。在缺乏政府扶持和外来精英进入的情况之下，本地人自己寻求发展的可能性较少。而水产业则大多处于"看天吃饭"的状态，在 2010 年 10 月的大洪水中，海水养殖业损失惨重。

## 7.3　旅游发展停滞与大推进

目的地低水平均衡的状态下，"大推进"成为发展的主要策略。而"大推进"可能只是依附发展的前奏。

2003 年，海南作为全国没有非典病例的省区之一，依托其良好的气候条件，冬季养老度假开始发展。2010 年《国务院关于推进海南国际旅游岛建设发展的若干意见》颁布，海南第二次房地产热开始兴起，海南旅游环境的提升带来整体客源增长，在区域间旅游溢出效应的影响下，东郊椰林进入

---

① 马灿. 黄春光：用五年打造数亿椰子糖王国. ［2007 - 03 - 22］［2011 - 08 - 24］http：//myjjb. ycwb. com/2007 - 03/22/content_1423657. htm.

复苏期。

在宏观的开放战略下，东郊椰林丰富的海洋资源充满吸引力。这使得只要面临全球化的冲击，东郊椰林必定会被淹没在全球化的浪潮之中。在政府"大企业进驻，大项目带动"战略的引导之下，更大规模的房地产企业开始进驻。2011 年初，由文昌市城市建设投资有限公司主导，开发三亚凤凰岛的中惠海南置业有限公司作为合作伙伴的人工岛项目开始建设。围填的人工岛将规划和打造成国际一流的度假中心，预算资金为 2 亿元。东郊椰林进入了第二次的发展期。

牺牲大量的资源控制权，接受实力雄厚的发达国家或地区的大公司的控制，再次成为获取开发资源大笔资金的途径。

填海对海水养殖业和捕捞业产生冲击，海鲜餐厅的发展前景堪忧。由于当地人口较为密集，人均耕地较少，不少人都是靠出海捕鱼和海水网箱养殖来维持生计，如果在此处填海建起一座 300 多亩的人工岛，会对海水质量产生影响，导致海水网箱养殖产业的大规模倒闭和迁移，影响当地村民的收入。

填海是对已有旅游景观资源的占用。人工岛所占据的位置为百莱玛度假村渔家乐项目的主要活动地点，在项目建设之后，百莱玛度假村原有的海岸变成二线滨海景观，可以预见，百莱玛度假村在旅游发展中的位置被更大型的旅游企业所取代。

# 7.4  本 章 结 论

## 7.4.1  结论

如图 7.2 所示，东郊椰林的发展已经经历了一次完整的生命周期，现在在国际旅游岛大发展的带动之下进入了第二次的发展期。在第一次发展中，市场的自由化带来了要素的流动，房地产热带来了大量的商务客源，促进了经济的飞速发展，然而在房地产泡沫破灭之后，依赖这批商务客源生存的海鲜餐饮酒店迅速倒闭，客源向度假观光型转变。之后随着替代性旅游地的出现，东郊椰林进入衰退期。2003 年之后，老年度假旅游市场开始出现，旅游业开始缓慢复苏，但是整体来看，旅游业均呈现出一种本地化的态势，这种本地化实际上使得目的地陷入了一种低水平均衡的状态。而在国际旅游岛的大推进下，大企业开始进入，东郊椰林开始面临第二次大推进。

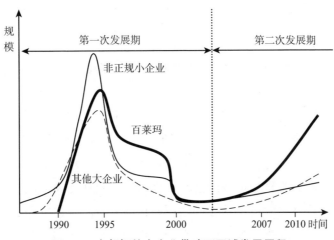

图 7.2　东郊椰林大企业带动下区域发展历程

图 7.3 清晰地标示了东郊椰林发展路径及其影响机制。在第一次发展中，房地产的倒闭并没有让旅游地马上进入衰退期，这主要是由于大企业进入之后与周边企业并没有形成二元的结构，旅游企业均拥有一定的观光度假客源市场，在商务游客减少之后仍然可以维持部分的良性自我发展，但是替代性目的地的出现，将这部分客源市场也带走，旅游地才陷入困境。正由于企业的自我发展能力，2003 年之后老年度假市场的出现，旅游业再次开始缓慢发展，然而，作为欠发达地区，依靠自我的发展仅仅是一种低水平均衡。这种低水平均衡使目的地在下一轮的大推进中会再一次面临依附发展的危机，进入又一次的恶性循环。

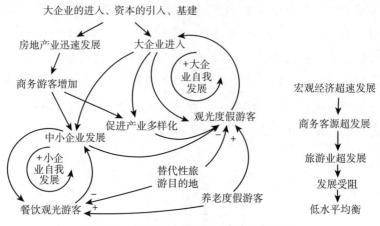

图7.3    东郊椰林发展路径及其影响机制

东郊椰林第一次的发展中，大企业与小企业在客源的共享下形成了产业的集聚，并且都有自己的细分客源市场，已经形成了良好的自我发展机制，而大企业的进入也促进了本地产业的多样化。然而，激进的经济发展打乱了自由发展的市场，在周边经济迅速衰退之后，小企业迅速崩溃，而大企业的观光度假市场也在之后被其他目的地所替代。旅游的超速发展加剧了目的地的脆弱性。而一但发展开始滞后，则会陷入低水平均衡的状态。

## 7.4.2    东郊椰林对于田独镇的借鉴意义

基于东郊椰林的旅游发展历程，客源细分市场对旅游地未来的发展有着重要的影响。亚龙湾大部分的酒店在2008年之前建成，在房地产迅速发展之前就有良好的客源积淀，其客源市场受房地产发展的影响不大。而三亚的地理位置在中国具有不可替代性，因此田独镇在发展的过程中受到替代性旅游目的地的影响也相对较少。从客源市场上来讲，第二次大推进对田独镇旅游业影响有限。但地理位置的独特性是可以被改变的。东郊椰林发展的初期，由于交通的限制，也是海南岛东部最南端的旅游目的地，在东部高速建成之后，其地理优势迅速丧失。据此，田独镇的地理优势或许会在中国南海旅游开发和海洋交通便利之后丧失。

　　根据本书第 6 章的分析，田独镇的发展除了需要面临客源的脆弱性之外还面临着各种危机，而东郊椰林的案例说明，一旦目的地发展受阻之后，即使本地企业具有自我发展的能力，目的地也会陷入低水平均衡的状态，进入下一次的恶性循环。

# 第 8 章

# 结论与讨论

　　旅游业是中国欠发达地区推动经济发展的重要途径，在旅游发展的过程中，大企业进入、大项目带动的发展模式受到政府广泛推崇，但是在这种发展模式之下，旅游目的地会走上怎样的发展道路，会对区域经济产生怎样的影响，其影响机制是什么？这些问题值得关注。国际上对旅游发展路径、影响及其机制已有较多探讨，但是基于中国背景的研究却少之又少。

　　本书探讨了中国欠发达地区投资带动型旅游发展模式的演化路径及影响。本书分为三部分，首先通过文献综述得到欠发达地区旅游发展的理论模型，然后以海南为案例，通过 CGE 模型的构建对旅游发展的影响进行定量评估，最后通过对海南省具体旅游目的地的定性分析，对理论模型和定量分析的结果进行论证与校验。

## 8.1　研　究　结　论

　　通过定量评估与案例研究，如图 8.1 所示，书中主要回答了第 1 章中所提出的四个问题。

　　问题 1：目的地选用了什么样的发展政策，为什么目的地会选择该发展策略？

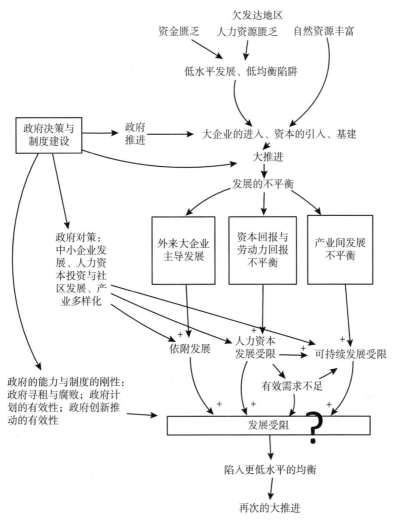

图 8.1 欠发达地区旅游发展路径、影响与政策

（1）中国欠发达地区通常选用旅游度假区的发展模式。主要表现为政府主导的、投资驱动型发展模式，旅游发展伴随着房地产业的发展。

在中国海南的旅游发展实践中，表现为政府主导的"大企业进入、大项目带动"的发展方式，这是一种供给驱动的发展方式，发展主要依靠资本的大规模投入，如海南酒店业投资的大幅度上升。这种发展方式通常会带来房地产业的迅速发展。最为典型的发展方式就是旅游度假区的发展模式。旅游发展的主体通常是比当地政府更高一级别的开发商。

（2）选用大项目带动发展战略的背景包括两个方面：一方面是自身发展的压力，另一方面是政府要求。

中国欠发达地区在资金匮乏、人力资源匮乏的情况下，利用良好的自然资源发展旅游业是区域经济发展的具有比较优势的选择。仅依靠自身的力量，旅游发展可能会陷入一种低水平均衡的状况，根据大推进理论，在旅游发展中，唯有依靠大量的吸引投资进入以推进产业的发展。中国对外来资本的引入，更多的是迫于发展的压力和政府的要求。

问题 2：旅游政策的推动之下，旅游业呈现出怎么样的发展状况，对区域发展带来了哪些影响？

（1）如图 8.1 所示，大企业、大项目的进入，在中国的具体实践中呈现出一种大推进的状况，大推进的发展一方面会促进目的地经济的发展，但是另一方面也会导致发展不平衡的情况出现。发展的不平衡表现在三个方面：外来企业主导发展导致依附发展的产生；劳动力与资本发展的不平衡；产业间的不平衡。

（2）在这些问题的共同存在下，目的地可能会出现发展受阻的情况，即便没有这些问题，旅游业由于自身的脆弱性，目的地的发展受宏观经济的影响，也面临被其他目的地所替代的危机。

在东郊椰林的案例中，外来大企业的进驻促进了生产要素的积累、技术创新与扩大的细分市场，房地产热推动旅游业的飞速发展，但是在政策缩紧，房地产业泡沫破灭之后，商务游客迅速减少，依靠商务游客生存的餐饮业迅速消亡。住宿业则向观光度假业转型。东线高速开通之后，替代性旅游地出现，东郊椰林的观光型游客转移，旅游地进入停滞期。

（3）一旦发展受阻，目的地将被限定在低水平均衡的状态。在低水平均衡的情况下，要想进一步发展，大推进将是一个很好的选择，目的地进入又一次"大企业进入，大项目带动"的发展过程。东郊椰林在旅游业停滞之后，陷入一种低水平均衡的状态。低水平均衡的特征包括：主要大企业百莱玛度假村的本地化，其他大企业的衰败，以及本地中小企业的低水平均衡。在这种低水平均衡的情况下，靠本地的力量来摆脱现状希望十分渺茫，而在国际旅游岛建设的过程中，大推进的状况又一次出现。目的地进入下一次"大推进"的循环之中。

问题 3：旅游区域经济影响所产生的机制是什么？

（1）引入外来资本有利于促进经济的发展。

引入外来资本有利于要素的累积和乘数效应的产生，有利于高级技术人才、技术和新管理模式的引入以提高生产效率，有利于带来人流促进经济的扩散，可以通过大企业与小企业之间的相互带动、旅游业对上游产业的带动，促进产业发展、就业增加居民收入和本地收益。

（2）外向型的旅游发展战略导致依附发展。

外向型的发展方式，本身就被认为会导致二元结构的扩大化，旅游地采取外向型发展战略，也很难摆脱依附发展的局面。具体来讲，目的地对外来大企业的依附主要表现在以下几个方面：客源地旅行社对客源的控制；贸易被控制；资源被控制；劳动力与技术的依附；本地所拥有的生产要素主要是基本要素，但基本要素与高级要素之间存在质的差异；依附发展会带来目的地与周边经济之间的二元结构。这些依附发展的特征会大大降低旅游发展对本地的乘数效应与带动效应。在田独镇的发展中，亚龙湾的发展与周边社区呈现出明显的二元结构，亚龙湾公司拥有高技术人力资源和国际化的酒店管理系统，占据优质的滨海资源和土地，通过自身的优势吸引游客，控制客源，同时高星级酒店倾向于进入中间产品，对本地的产业带动有限。因而亚龙湾区内的六盘村社区，在发展的过程中处于一种被边缘化的局面。

（3）投资带动型发展导致资本和劳动力之间的不平衡。

在欠发达国家中的飞地型旅游发展中，旅游业却并不一定是劳动密集性产业。由于资本拥有者和劳动密集型企业所拥有资源禀赋的不同，资本和劳动力之间的不平衡在发展中不断被恶化，中小企业被限制在一种停滞发展的境地。而在中国由于度假区的开发商往往比当地政府的等级更高一层，导致旅游发展中社区的地位更为低下。

在中国海南田独镇的实践中，酒店业的发展通过资源转移效应，对劳动力产生挤出效应。7.9% 的劳动力被挤出，劳动者收入下降 0.212%，劳动报酬下降 0.058%，主要是酒店业和农业部门的劳动力被挤出，实际下降的劳动力收入为 3002 万元。投资的增加促进经济从劳动密集型向资本密集型转型，但也无可避免地带来对资本的依附，同时拉大资本和劳动力之间的差距。而劳动力收入的减少会抑制私人消费，限制非贸易型产业的发展空间。田独镇的大企业亚龙湾的发展最终依然是促进资本密集型企业的生长，而本地的小企业被作为非正规部门挤出旅游业。资本回报与劳动力回报之间的不平衡呈扩大的趋势。基于投资带动的发展与基于需求带动的发展具有本质的区别，从整个社会来看，如果资本在劳动力部门集聚的水平长期低于经济发展的水平，将导致有效需求不足的问题，带来经济的崩溃。

（4）旅游业的快速发展导致产业间发展不平衡。

"大推进"理论认为，欠发达地区应该通过对具有较强产业关联效应的关键产业的投资来带动经济的发展，对酒店业的投资通过产业关联效应促进经济的发展。酒店业资本投入对目的地产生产业扩张效应，带来产业的扩张和酒店价格的降低，产业的扩张促进酒店业上游产业的发展，酒店业价格的降低促进酒店业下游产业的发展，酒店业上下游产业的发展又带动整个经济产出增长。

旅游业的迅速发展包括两种情况：一种由需求带动的发展，另一种由资本投入带来的发展。投资所带来的区域发展可能在一开始就只是存量的累积，在没能带动需求增长之前，其经济带动作用十分有限；从媒体报道和统计数据来看通过投资拉动需求的可能性不大，因此通过资本投入带来产出扩张的效用有限。从产业关联来看，资本的投入在一定程度上改变了酒店业中间投入的构成，如果酒店业中间投入向进口产品转移，将弱化酒店业的带动效应。

旅游业的迅速发展会导致荷兰病的产生。荷兰病理论认为，在发展过程中，由于旅游需求的增长会增加旅游业从业者的收入，从而带动本地服务业增长，旅游业和本地服务业的扩张会对其他发展较为滞后的产业产生挤出效应，导致去工业化或者去农业化的局面产生。长此以往，如果旅游发展赖以依靠的资源优势消耗殆尽，经济发展将停滞。

而在海南的案例中，旅游业得快速发展最终演变为旅游地产业和酒店业的快速发展，政府唯发展模式和超发展模式的发展思路，使产业间不平衡进一步加大。旅游业向旅游地产业倾斜，对区域发展带来一系列的问题。如社区对资源的控制权丧失、话语权丧失，生活成本上升等。超速的增长为发展带来更多的问题，包括酒店业的快速发展，会导致中间投入产业发展的跟不上，加剧对进口的依赖；旅游业发展与其他要素发展不匹配，造成酒店人才短缺，服务跟不上等问题；投资将行业从劳动密集型向资本密集型转型，劳动力进入门槛不断上升，旅游业就业贡献弱化。生产中存在规模经济时产生的"垂直"外部经济（前向与后向关联）比"水平"的单一经济部门的外部经济更为重要。

# 8.2　结　果　讨　论

大项目带动发展战略，导致依附发展、资本回报与劳动力回报间不平衡、产业间不平衡的局面，产业的长期可持续发展能力受限。需要什么样的政策支撑，才能保证目的地的可持续发展？

首先，既然大项目带动型的发展战略会导致一系列负面影响的产生，那么是否可以采用其他的发展战略？在旅游中，另类旅游（Alternative Tourism，或直译为替代性旅游）作为替代性的战略出现。

其次，目的地需要外力资本与大企业进入来启动经济的发展，但是，在经济被启动之后，政府通过相应的手段缓解依附发展的状况、促进资本向人力资本转移（技术的内生）、促进产业的多样化发展，是经济从短期发展向长期可持续转变的重要途径。

最后，大项目带动型的发展战略是政府主导的产物，但政府主导同样会带来政府失灵。在激进的发展政策下，政府失灵是一个更为严峻的问题。为了避免或减少政府失灵的出现，必须不断地对制度进行完善。

## 8.2.1　替代性旅游：大项目带动型战略的替代战略

20 世纪 80 年代，以"负责任的""适度的""绿色的""软的"为主要特征的替代性旅游被提出。替代性旅游宣扬的是与福特式旅游相对立的一种发展过程，强调以社区为主力和主要获益者，强调社区在发展过程中的参与，强调适度的、小尺度的发展，强调本土化、地方性、与有限开放，强调欠发达国家需要演化出自己的发展模式，鼓励发展适合本地资源禀赋的技术。替代性旅游认为只有将跨国公司及他们错误的产品、错误的需求刺激和错误的技术排除在外，才能实现更大程度的自力更生（Streeten，1973）。替代性发展是建立在满足基本需求、自给自足、环境友善的和谐发展基础上的发展过程（Sharply and Telfer，2002）。可替代旅游作为潜在的可降低旅游影响的一种发展途径受到了很多人的追捧。

可替代旅游强调对本土企业的培育，在欠发达地区旅游发展初期，由于旅游小企业进入的低门槛性，较低的启动资本和技能要求，本土企业多为小型的非正规企业。小企业资本投入便利，其发展为当地经济的发展创造了条件，小企业经营的利润率更高，对当地经济的乘数效应较高（Oppermann，1993）。

然而，小企业具有以下缺陷：从技术投入来讲，技术含量低，任务结构松散、非正式，属于劳动密集型企业，生产主要依赖于劳动力的投入，劳动生产率较低；从资金投入来讲，进入和退出成本低，经常受到资金的限制；从资源投入来讲，资源需求量少，资源使用随意；从发展机制来讲，其发展机制随环境变化，发展受限于环境、管理体系、信息沟通、管理手段简单随意（非正式的、不规范的），缺乏长期的规划，发展目标通常是私人化的，如为了改善生活等，企业发展更依赖于个人动机（Curran，1996）。小企业多数缺乏与大企业的合作关系，很难吸引到游客，或者在旅游发展中只有很少的讨价还价能力，与大规模的报价团队游客相比，旅游小企业较为弱势。小企业对于区域发展带来的效用有限。

在国内，替代性旅游也开始受到研究者的重视，2000 年，吴波就对替代性旅游的概念进行了辨析，但是并没有进一步深入研究。从案例来讲，中国云南的雨崩村在一定程度上是中国替代性旅游发展的代表，对雨崩的研究可以归入替代性旅游之中（孙九霞，2010；李鹏，杨桂华，2010；刘建峰，王桂玉，王丽丽，2009；杨子江，杨桂华，2009；保继刚，孙九霞，2008）。但是雨崩的研究只是让我们看到，替代性旅游在还没有带给目的地有效的经济贡献前，就在实际的发展中产生了诸多的问题，如垃圾问题、环境问题、收入分配问题等。

在社区参与发展农家乐的项目中，也同样存在一系列的问题，如农家乐开发模式存在恶性竞争和产品同质化，农家乐本身是一个微利润行业，对农民吸引力有限，其创收成果也十分有限（李先锋，2010）。

## 8.2.2　内向型发展战略：缓解投资带动型依附发展

在经济学上，要想摆脱对发达国家的依附，最典型的发展路径就是使用内向型发展战略。在应对旅游业大项目带来的依附发展时，内向型的发展战略同样适用。在大项目带动的同时，利用大企业带来的优势促进本地企业的发展，促进中小企业的培育、强调经济的自我发展，有利于缓解依附发展。

### 8.2.2.1　内向型发展战略的发展路径

内向型发展战略的典型路径是：对某些进口商品建立配额或关税壁垒，然后努力建立一个国内产业来生产这些产品。尽管生产的初始成本比进口价格可能要高，但支持建立进口替代制造业（内生发展）的经济理论认为：这个产业最终会由于批量生产和更低的生产成本而获利（也就是所谓关税保护的幼稚产业的观点），或者由于减少了消费品进口而将改善国际收支。

该理论的依据是幼稚产业理论，该理论认为，为了使现在高价格的国内商品有足够的时间学习业务，获得生产上的规模经济，以及形成降低成本和价格所必需的"干中学"的外部经济性，必须建立限制外来企业进入的保护战略。有了足够的时间和充分的保护，幼稚产业就会逐渐成熟起来，并最终达到能够直接同发达国家竞争的水平。这样，该产业不仅能满足本国的需求，还能销往其他地区。再加上其他的一些原因，包括减少依赖性，获得更大自立性的愿望，建立国内工业基础的需要和便利，从关税征收中获取大量财税收入等，内生型发展战略受到了许多欠发达国家政府的欢迎（Todaro，2006）。

### 8.2.2.2 旅游业内向型发展战略：中小企业培育

索菲尔德（Sofield，1993）对旅游业内生发展的战略进行了探讨，大量的文章也从促进中小企业发展的角度进行了探讨（Wanhill，2000）。相关理论认为，对中小企业的扶持有利于企业家的培养，有了足够的时间和充分的保护，本地中小企业会逐步壮大，形成内生型的大型旅游企业，进而成为有能力参与全球化竞争的大型企业，直到开始对外发展，将业务扩大到其他的欠发达地区，从依附方转变为被依附方，目的地就开始在全球化进程中获得一定的立足之地。在伦德格伦（1986）的旅游发展模型中，旅游业对当地的正面影响也是在带动了当地小企业成长为大中型的批发商之后才实现的。

对中小企业的培育是内向型发展战略中最具有操作性的发展措施。由于旅游业较低的进入门槛，旅游非正规部门（旅游小企业）的广泛性与普遍性高于第二产业。即使在发达国家，旅游业中小企业的比例也十分显著（Wahnschafft，1982；Cukier and Wall，1994；Long and Wall，1995）。穆林斯（Mullins，1991）对澳大利亚黄金海岸的研究发现，黄金海岸地区并不只有大公司，相反，小企业正在扩大。对非正规部门的划分标准是不一致的，但是从数量和总就业人员数看，非正规部门的比例大。旅游小企业在全球呈现出一种蓬勃的发展态势（Upadhya and Rutten，1997）。

通过对旅游中小企业的促进，可以带来广泛的就业和人民生活水平的普遍提高，是目的地可持续发展的有效途径。旅游业劳动力密集型的特征在中小企业中比大企业更为明显，非正规部门所提供的就业岗位往往占到旅游提供的就业岗位总量的 40% ~ 50%（Hope，1993）。小企业从劳动力投入来讲，创造就业的成本较低，正是由于小企业的存在，才大大提高了旅游业的就业创造能力。由于小企业松散的契约关系（ILO，1998），小型的家庭企业也更有利于解决自身的就业问题。在对英国餐饮和住宿业数据调查中，雇员少于 10 人的微小企业（餐厅、酒吧、小旅馆、俱乐部和送餐服务），所创造的就业人数占全部门的 25%（HTF，1996）。旅游企业调查中，雇员少于 25 人的宾馆占住宿总数中的 81%，占餐馆和酒吧的 94%（DNH，1996）。在印度尼西亚，大量的旅游就业是通过自我雇佣或在非正规部门就业所创造的（Dahles，1998）。

中小企业是社区参与旅游发展的主要手段。内向型发展策略强调本地对技术的掌握。社区参与是本地从旅游发展中获取技术的关键，是走上长期发展道路的必经之路。以当地为基础的旅游组织的发展是社区参与的关键。达勒斯（Dahles，2002）以印度尼西亚为案例，深入研究了旅游小企业与社区发展的问题，认为旅游私人部门的发展会有效促进旅游业与当地社区的发展；中小企业是技术从大企业向本地企业扩散的主要桥梁，技术向小企业扩散是支撑旅游长期发展的关键（Giaoutzi and Nijkamp，2006）。

中小企业有利于提高本地劳动力参与旅游发展的比例，有利于本地员工技能的提升，有利于本地企业家的培养，乡村社区的复兴。本地人参与大项目的比例是有限的，而且多数被固化在一些较低的职位上，社区参与的水平大打折扣。而在本地培育的中小企业中，本地人作为管理者直接参与到旅游发展中来，小企业较低的技能要求，使技术水平一般的员工在非正规企业中其技能的效用高于其在正规企业中的效用（Davies，1979），劳动分工的模糊性，使相同技能的劳动力在非正规企业工作收入要高于正规企业（Chu，1992），同时更有利于培养本地企业家，进而促进本地企业的壮大与自我发展，这使对小企业的研究受到了广泛的重视（Britton and Clark，1987；Smith and Eadington，1992；Wilkinson and Pratiwi，1995；Dahles，1996，1997，1998a，1998b；Bras and Dahles 1998）。

旅游业中小企业的培育使得妇女在旅游业中的地位不断上升。非正规部门是妇女获得工作机会的主要途径（Osirim，1992）。而旅游业从性质而言属于服务性行业，妇女在旅游业中地位的上升，意味着更多的劳动力产出与贡献。有学者认为非正规经济部门的一个重要的特征就是妇女企业家数量的不断上升（Hope，1993；Chu，1992）。

### 8.2.2.3  中小企业培育的有效性有限

在经济研究中，大多数的研究者认为内向型发展战略大部分没有取得成功（Kirkpatrick）。在实践中，大多数欠发达国家是在不同时期、在不同的程度上采纳了外向型发展和内向型发展这两种战略。在一定的程度上，外向型发展是内向型发展的必要先决条件（Todaro，2006）。而对小企业的持续发展，提供更为广泛的就业和提升本地竞争力可能更为有效。

在旅游研究中，中小企业培育的策略也不断受到冲击。由于中小企业的收入不稳定、风险也更大，小企业在发展的过程中，其作用不断衰减（Macias and Cazzavillan，2009）。在对墨西哥过去几十年非正规企业的规模与发展进程的研究中，当解释变量中加入了存款数量后，非正规经济体的发展在长期中与经济发展正向相关（Macias and Cazzavillan，2009）。在1990年之前，非正规经济体贡献了超过2/3的GDP，但是之后则只贡献了大约1/3的GDP。对泰国芭提雅旅游业发展中二元结构的研究中（Wahnschafft，1982），虽然随着经济发展中的二元结构日趋明显，小型企业在当前发展理论中的地位也日益重要，对非正规企业的扶持也上升到战略的高度，扶持的对象包括自我雇佣的企业主、小型的旅游企业（enterprises of a petty scale of operation），然而实地调研的结果推翻了大多数的假设，中小企业对发展推动的潜力是有限的。有学者研究认为，在政府对小企业进行扶持的地区，其居民间的收入分配差距高于没有得到扶持的区域（Pupphavesa，Panpiemras and Anuchitworawong，2007）。

但由于小企业对旅游发展的贡献性，大量的研究还是认为应该通过各种手段促进小企业自主的发展，如通过加强小企业之间的合作网络，增强它们的应变能力与发展能力，也可以联合营销，尽量体现它们的成本优势，增强自己的信息获取能力（Dahles，2002）。成功地在全球化的过程中获得发展的城市如西班牙的巴塞罗那，必须拥有一个随机应变以及具有市场介入能力的政府，同时需要广泛的建立社会经济合作网络（Mackun，1998）。

## 8.2.3 技术内生：缓解资本与劳动力回报不平衡

在经济学中，促进技术内生（内生增长理论）是缓解资本与劳动力回报不平衡的主要方式。在旅游发展的过程中，对人力资本的重视程度也在不断提高，主要表现在技术创新、企业家精神与产业集群等方面。同时，面向多样化的旅游需求，改变对资源和资本依赖的状态，也是促进资本向人力资源转移、带动技术内生产生的重要手段。

### 8.2.3.1　内生增长理论

古典的经济增长理论认为，资本主义经济发展是以资本集中到资本家手中实现高储蓄、高投资为特征，通过资本的积累实现经济的发展，在这一过程中，经济增长和收入分配不平等加剧相互联系（马克思增长类型）。

而由于生产力边际递减，单单依靠资本的积累并不能实现经济的可持续发展。学者们提出了内生（技术内生）增长理论[①]（Robert and Jr，1988），该理论认为，在人力资本上的投资会改善生产效率，物资和人力资本的投资所产生的外部经济和生产率的提高可能会补偿递减的收益，从而使得资本的边际产品不变，生产函数在一定程度上容许自我持续的（即内生的）增长，投资不仅产生新的机器，同时产出新的工作方式，即技术增长是人力资本和知识密集型产业投资的内生结果（技术内生）。

基于此，库兹涅茨（Kuznets，1955）指出，在经济发展过程开始的时候，尤其是在国民人均收入从最低上升到中等水平时，收入分配状况先趋于恶化，继而随着经济发展，技术的进步使得经济的发展偏向于使用劳动力和节约资本，资本向劳动力转移，最后达到比较公平的收入分配状况，收入分配呈倒 U 型，后一阶段被称为库兹涅茨经济增长类型。

在什么条件下经济发展从马克思增长类型向库兹涅茨经济增长类型转移？速水和戈多（Hayami and Godo，2009）认为，主要是基于两个方面的改变：（1）工业技术体制由可见变为不可见技术；（2）人们的需求从标准化产品变为有差异的产品。在这样的情况之下，智力在发展中的地位不断凸显，劳动者在生产中获得的收入不断增加，因此，收入从资本向劳动者转移，经济开始进入自我良性发展的状态。这些理论强调，只有基于人类创造力的技术带来的经济增长才有可能促进资本向劳动力转移。

将投资引向科技与开发的社会将会有持续发展，将投资引向实物资本的

---

[①]　内生增长理论和内向型发展战略是完全不同的。内向型发展偏向于指政府的地方保护，内生增长强调的是技术是由经济发展内生带来的。

国家，则在短期内可能有较高的产出，但是要以较低的长期增长为代价。

### 8.2.3.2 旅游业发展与技术内生

在旅游业发展中，如果单纯依赖资本的投入或资源的投入来推动经济的发展会导致目的地陷入"非最优"的模式。徐红罡（2006）认为，一些落后地区虽然靠旅游发展获得"第一桶金"，但由于区域发展走的仍是资源经济之路，容易形成过度依赖旅游资源的社会、文化和经济环境，使其他产业包括旅游业自身的创新会面临更多的困难，从而导致旅游业的带动效益下降，旅游目的地被锁定在一种"非最优"的发展模式中。

对人力资源的投资是旅游地将长期的低发展转变成持续发展的有效途径。在这个层面上，应该通过技术推动、需求推动来推动技术的不断改进，提高劳动力在企业中的地位。从国际上来讲，对技术内生的研究都属于一个较新的学术范畴。在旅游研究中，关于促进技术内生的研究在 2000 年之后才开始兴起。其中一个重要的方面就是技术创新。相关研究包括两个方面：（1）出现了什么创新；（2）创新的决定因素和驱动力是什么。这两个问题与技术内生相对应的是：（1）哪些技术可以内生；（2）技术内生的决定因素和驱动力是什么。哈加勒（Hjalager，2010）对旅游业中创新的相关研究进行了综述，对这两个问题进行了详细分析。

（1）哪些技术可以内生？

可创新的技术是多维度的。在全球化的视角之下，在对旅游与经济发展之间的关系的分析中，旅游业的技术包括软技能和硬技术（Milne and Ateljevic，2001）。其中软技能包括旅游中文化元素、生态元素的运用，企业家精神，社会网络，产业集群，价值链，整合营销，目的地合作等；硬技术包括环境技术（Bramwell and Lane，1993）、信息技术、网络技术、电子商务、旅游信息中心等（Giaoutzi and Nijkamp，2006）。基于创新理论，技术创新包括过程的创新、产品和服务的创新、管理者阶层的创新、管理体系的创新、体制的创新这五个维度（Hjalager，2010）。

（2）技术内生的决定因素和驱动力。

创新的决定因素和驱动力主要包括五个维度：企业家精神推动、技术推动、需求推动、产业集群与社会网络、创新系统的构建。早在 1989 年就有学者提出旅游的发展将从需求导向型向产品导向型转变，将从依赖于游客转变为依赖于企业家的发展（Williams and Shaw et al.，1989）。企业家精神和创新系统的构建到目前为止依然是学术界的研究热点（Hjalager，2010）。

旅游业企业家精神在 1999 年由莫里森（Morrison）提出之后，研究者开始呼吁对小企业发展和企业家精神之间的相关关系进行研究，这是研究的一个重点，但也仍然是一个盲点（terra incognita）（Page and Forer et al.，1999）。到 2004 年，肖（Shaw，2004）站在与主流小企业研究者对话的基础上，对该问题进行系统的分析，之后，研究开始逐步增加，小企业被认为有利于本地企业家的培养（Sharply and Telfer，2002）与可持续发展（Dahles，1997）。

在我国的旅游发展中，旅游收入在劳动与资本间分配依然处于严重失衡的状况（左冰和保继刚，2007），企业收入比重过大，劳动报酬偏低，旅游业发展中的主要获益者是资本所有者而非旅游从业者。直到目前为止，技术内生在欠发达地区的旅游业发展中仍然多数存在于理论层面，在实际中，通过企业家的培养、社会网络的构建、产业集群的培育等手段促进技术内生进而促进经济自我发展的情况仍然鲜被观测到。

## 8.2.4 产业联动：缓解产业间不平衡

对于产业间不平衡的问题，政府应采取促进产业均衡发展和多样化发展的政策。其中通过对旅游行业税收，再由政府补贴给其他产业，应是政府主要的调控手段，因为提高旅游营业税不仅是提高政府税收的最有效手段，而且对旅游密集部门征税比对旅游相关部门征税更为有效。

在本书第 5 章对酒店资本投入所带来的效应分析中，酒店业发展对本地的带动效应主要是通过中间投入效应所产生。广泛的产业关联是这种带动效应产生的基础，一旦这种关联缺失，酒店业的带动效应将非常有限。

产业多样化的问题通常与产业专业分工相联系，它意味着在降低整体经济风险的同时丧失产业生产的专业化优势。但专业化分工出现的前提是运输成本的降低。在海南这种岛屿地区，由于大海的天然屏障，交通一直都是经济发展的主要障碍。在这种情况下，专业化的分工并不会给本地经济带来更大的优势，而产业的多样化发展反而是一种更为优势的选择。

## 8.2.5  政府主导与政府失灵

政府政策通常会遭遇政府失灵的问题（Hayami and Godo，2009；Hayami，1995）。主要问题包括计划的有效性、寻租与腐败以及对创新的抑制。

计划的有效性。政府与私有部门相比，不一定能够更为准确地预见未来。决定哪个产业应该得到保护可能不是很困难，但是评价保护政策对整个经济的长期影响是极为困难的。对于中国而言，政府计划需要更具有可操作性，需要将经济活动分解为多个部分的模型，基于一般均衡的方式，来对经济的均衡发展进行计划。需要对唯发展的方式进行反思，需要从资本投入带动的发展模式向需求增长带动的发展模型进行转变，对中小企业的培育，对人力资本投入重视，是长期发展的关键。

制度的公平性。旅游发展与政治制度之间关系的相互融合是发展的关键，应该通过整合的、以网络为基础（web-based）的多标准框架来解决旅游发展中所出现的冲突问题。通过"治理"①（Yuksel and Bramwell et al.，2005）、去权化与权力均等化（Bardhan，1964）来降低旅游发展的负面效应，而不仅仅依靠自上而下的政府行政权力。

制度的刚性。制度对于经济自我良性发展所产生激励的能力，对创新推动的能力，是经济自我持续发展的基础。但是这要求对制度的不断完善，以及不断增强制度自我完善的能力，而制度的刚性会阻碍政治制度的完善，在制度结构刚性的情况下，这将是一个长期的过程。

通过旅游业税收来促进产业多样化发展的效用严重地依赖于目的地的市场力量、政治结构和权力关系。对于海岛来讲，旅游业漏损和经济结构单一的问题更为严重。海南政府也已出台一系列的对策，包括改善人民生活和提

---

① "治理"一词在1989年首先为世界银行所提出，就是寻求多主体协作参与，对事务能作出有效应对的一系列管理活动。强调现代社会治理不同于传统的政府统治，即它不仅仅依靠自上而下的政府行政权力，而要更多地容纳和依靠非政府主体的自治行动。

高人力资源水平，促进高新科技产业和高新农业的发展，但有效性有限。

## 8.3　研究贡献

本书在中国旅游发展的背景下，基于理论与实践间的耦合与辨析，对中国欠发达地区旅游发展的路径、影响及旅游政策的有效性进行探讨。主要的贡献包括以下几个方面：

（1）填补研究的薄弱领域。

旅游业受到中国政府的广泛推崇，其重要原因就是旅游业对经济发展的促进作用，然而，国内学术研究中对旅游业区域经济影响的研究还十分薄弱。本书基于发展经济学的理论，站在长期发展观的视角下，对中国旅游业发展路径和区域经济影响及其机制进行了分析，并建立了旅游发展模型。从这个意义上讲，本书的研究具有开拓型的意义。

（2）理论的创新与贡献。

一是扩展旅游区域经济影响的内涵与外延。前人对旅游经济影响的研究主要基于旅游乘数与漏损，多为就旅游论旅游，本研究从发展的角度出发，对旅游的经济影响进行了评述。

二是补充国际上的旅游区域经济影响研究。旅游业区域经济影响的理论多数是在对资本主义国家和地区研究的基础上形成。中国特殊的政治经济背景下，旅游发展初期表现为旅游业大量资本的投入，即"大企业进入，大项目带动"所带来的大推进的发展模式。本书研究了这种在具有社会主义市场特色的经济体系之下的大项目带动型发展战略所带来的的旅游区域经济影响及其机制。

（3）研究技术方法上的创新。

本书的研究方法使用了定性与定量相结合的方法。一方面利用可以全面系统地对社会经济系统进行评估的可计算一般均衡（CGE）模型，站在全局的视角下对旅游的经济净效应进行了估算，并从理论上对中国特有的投资带动型旅游发展的影响机制进行了探讨。另一方面，基于具体案例地的实证研究，定性与定量相互佐证相互推进，提高了案例研究的信度与效度。

# 8.4 研 究 展 望

在有关中国旅游研究中，到目前为止，旅游区域发展影响的研究仍然有大量十分值得研究但空缺的领域存在。本书试图对旅游发展影响这种宏大的研究领域进行分析，但由于篇幅有限，最终只能聚焦于一点：大资本投入推动下的旅游业发展及影响机制。

（1）对生产要素与促进经济发展之间关系进行更深入的研究。

从经济发展的生产要素投入来看，主要的生产要素包括资源、资本、劳动力和技术，本书主要对资本投入和劳动力投入进行了分析。分析处于最基本的经济分析阶段，对资源的分析还较为欠缺，对目前经济发展的主要手段——资本运作，对人力资本的培育，如企业家精神、创新、技术内生的主要过程等内容，也基本没有涉及。

具体的研究包括：通过对资源的可持续利用来促进经济的发展，对资源溢价进行评估，探讨对利用资源获得收益的企业征取税收来补贴其他产业的可行性等；对人力资本培育进行分析，其中中小企业的发展是如何促进企业家培育、技术扩散、创新等生产的，是一个非常重要的议题；资本运作方面，包括在旅游发展的过程中贷款的作用等。

（2）从供给和需求的角度来看，对需求以及供需渠道所带来的区域影响研究也非常重要。

本书主要从供给层面出发，对需求的研究较弱，但经济发展是供给和需求相互作用的过程，对旅游需求和供需渠道现状的理解不当可能会对研究结果产生偏差。

在旅游发展的过程中，中介起着非常重要的作用，但对旅游中介对经济发展影响的研究还较为欠缺。从需求的角度来讲，包括游客的感性的决策过程是怎么样的，游客的需求现状实际上是怎么样的，在中介盛行的中国，中介的发展到底是怎样影响游客需求的，是怎样影响中国旅游业的？怎样通过改善中介（或者是改善信息的渠道）的作用来促进经济的发展？这些问题都值得深入的研究。

（3）从政策有效性的角度来看，从旅游发展的视角对中国旅游政策和体制进行解读的研究也是十分有意义的。

CGE 模型的优势主要就是做政策评估，以及对政府制定更为全面的计划给出参考。本书并没有对政策的背景、具体的政策内容、政策的实施过程及实施结果进行深入的分析。对于本书所提出的有效对策，也仅仅限于理论层面，并没有经过相关的实践论证。在进一步的研究中，通过定性的案例研究找出可行的发展政策，并通过 CGE 模型找出合适的发展计划，将会是一件很有意义的工作。

（4）从旅游发展的路径而言，本文最终构建的理论框架基于海南案例的研究，从案例地选择来讲，海南具有地理位置的独特性，中国国土广阔，海南旅游业的发展特征在多大程度上具有推广性还有待检验。对中国更广泛区域的旅游发展研究有利于本研究框架的进一步完善。

# 参 考 文 献

［1］保继刚，蔡辉．旅游开发对南昆山的经济影响研究［J］.人文地理，1995（2）：18－24.

［2］保继刚，孙九霞．社区参与旅游发展的中西差异［J］.地理学报，2006（4）：401－413.

［3］保继刚，孙九霞．雨崩村社区旅游：社区参与方式及其增权意义［J］.旅游论坛，2008，（4）.

［4］保继刚等．区域旅游经济影响评价：模型应用于案例研究［M］.天津：南开大学出版社，2010.

［5］陈克勤．海南建省［M］.北京：人民出版社，2008.

［6］陈向明．质的研究方法与社会科学研究［M］.北京：教育科学出版社，2002.

［7］崔峰，包娟．浙江省旅游产业关联与产业波及效应分析［J］.旅游学刊，2010（3）：13－20.

［8］冯凌，石培华，刘佳峰．基于期刊论文时序特征的中国旅游研究30年历程与规律［J］.地理科学进展，2011（2）：239－248.

［9］风笑天．社会学研究方法［M］.北京：中国人民大学出版社，2001.

［10］傅京燕．论旅游消费与经济增长［J］.旅游科学，1999（3）：18－22.

［11］何银武．发挥产业关联效应推动社会经济快速发展．宏观态势［J］.2000（4）：15－17.

［12］凯恩斯．张皓，窦新顺译．就业、利息和货币通论（精华本）

［M］. 北京：中国商业出版社，2009.

［13］黎洁，韩飞. 基于可计算一般均衡模型（CGE）的江苏入境旅游需求变化对地区经济的影响分析［J］. 旅游学刊，2009（12）：23 - 30.

［14］黎洁. 西部生态旅游发展中农村社区就业与旅游收入分配的实证研究——以陕西太白山国家森林公园周边农村社区为例［J］. 旅游学刊，2005（3）：18 - 22.

［15］李江帆，李冠霖，江波. 旅游业的产业关联和产业波及分析——以广东为例［J］. 旅游学刊，2001（3）：19 - 25.

［16］李鹏，杨桂华. 社区参与旅游发展中公平与效率问题研究——以云南梅里雪山雨崩藏族村为例［J］. 林业经济，2010，（8）.

［17］李善同. 中国可计算一般均衡模型及其应用［M］. 北京：经济科学出版社，2010.

［18］李先锋. 基于旅游增加值的六盘山扶贫旅游经济影响实证研究——以泾源县为例［J］. 资源与产业，2010（4）：166 - 170.

［19］联合国经济和社会事务部. 2010 年世界经济与社会概览：重探全球发展之路［Z］. 2011. http：//www. un. org/en/development/desa/policy/wess/wess_current/2010wess_overview_ch. pdf.

［20］刘建峰，王桂玉，王丽丽. 旅游垃圾：旅游研究领域一个不容忽视的问题——以梅里雪山风景名胜区雨崩景区为例［J］. 旅游论坛，2009，（1）.

［21］刘俊，楼枫烨. 旅游开发背景下世居少数民族社区边缘化——海南三亚六盘黎族安置区案例［J］. 旅游学刊，2010（9）：44 - 50.

［22］刘俊. 中国海滨旅游度假区发展历程及影响因素比较研究［D］. 中山大学，2006.

［23］迈克尔. 波特. 李明轩，邱如美译. 国家竞争优势［M］. 北京：华夏出版社，2002.

［24］牛亚菲，宋涛，刘春凤等. 基于要素叠加的旅游景区经济影响域空间分异——以八达岭长城景区为例［J］. 地理科学进展，2010（2）：225 - 231.

[25] 庞丽, 王铮, 刘清春. 我国入境旅游和经济增长关系分析 [J]. 地域研究与开发, 2006 (3): 51 – 56.

[26] 世界旅游与旅行组织 (WTTC). 对各国旅游业经济的统计与预测 [Z]. 2010. [2011 – 07 – 22]. http: //www. wttc. org/bin/pdf/original_pdf_file/leaguetablesummary. pdf

[27] 宋涛, 牛亚菲. 国外基于 CGE 模型的旅游经济影响评价研究 [J]. 旅游学刊, 2008 (10): 23 – 28.

[28] 孙九霞, 保继刚. 从缺失到凸显: 社区参与旅游发展研究脉络 [J]. 旅游学刊, 2006b (7): 63 – 68.

[29] 孙九霞, 保继刚. 社区参与的旅游人类学研究——阳朔世外桃源案例 [J]. 广西民族学院学报 (哲学社会科学版), 2006a (1): 82 – 90.

[30] 孙九霞. 旅游对目的地社区族群认同的影响——基于不同旅游作用的案例分析 [J]. 中山大学学报 (社会科学版), 2010, (1).

[31] 王宁. 代表性还是典型性?——个案的属性与个案研究方法的逻辑基础 [J]. 社会学研究, 2002 (5): 123 – 125.

[32] 王宁. 个案研究中的样本属性与外推逻辑 [J]. 公共行政评论, 2008 (3): 44 – 54.

[33] 王燕, 王哲. 基于投入产出模型的新疆旅游业产业关联及产业波及分析. 干旱区资源与环境, 2008 (5): 112 – 117.

[34] 魏小安. 前沿关注与关注前沿 [J]. 旅游学刊, 2005, 20 (3).

[35] 晓鼎, 做不了伟人就做商人, 做商人就一定要做老板——记亚龙湾开发股份有限公司董事长胡经纬. 沪港经济, 2001 (5): 48 – 50.

[36] 徐红罡, 保继刚. 系统动力学原理和方法在旅游规划中的运用 [J]. 经济地理, 2003 (5): 704 – 709.

[37] 徐红罡. 旅游系统分析 [M]. 天津: 南开大学出版社, 2009.

[38] 徐红罡. 旅游业中的二元结构及公共政策研究 [J]. 思想战线, 2004 (1): 96 – 100.

[39] 徐红罡. 生态旅游地发展的模型研究 [J]. 旅游学刊, 2006b (8): 75 – 80.

［40］徐红罡.资源型旅游地增长极限的理论模型［J］.中国人口.资源与环境，2006a（5）：35－40.

［41］杨子江，杨桂华.旅游对梅里雪山雨崩村自然资源利用传统影响研究［J］.思想战线，2009，（3）.

［42］袁绍斌.河南旅游业经济效应分析及对策研究［J］.经济经纬，2003（6）：113－116.

［43］约翰.罗尔斯著.何怀宏，何包钢，廖申百译.正义论［M］.北京：中国社会科学出版社，1988.

［44］张华初，李永杰.中国旅游业产业关联的定量分析［J］.旅游学刊，2007（4）：15－19.

［45］张骁鸣，保继刚.旅游发展与乡村变迁："起点—动力"假说［J］.旅游学刊，2009（6）：19－24.

［46］张骁鸣，保继刚.旅游区域经济影响评价研究述评［J］.桂林旅游高等专科学校学报，2004（2）：38－45.

［47］张骁鸣.旅游与没有"历史"的村民：基于雨崩村研究的反思［J］.旅游学刊，2011（3）：62－69.

［48］张欣.可计算一般均衡模型的基本原理与编程［M］.上海：格致出版社，2010.

［49］张亦男，执着睿智的实业家——访亚龙湾开发股份有限公司董事长胡经纬［J］.建筑，1997（9）：27－28.

［50］张玉.关于三亚亚龙湾"潜水游击队"规范化管理的探讨［J］.现代交际，2010（3）：42＋41.

［51］左冰，保继刚.国债旅游基础设施投资效应：基于CGE模型的研究［J］.经济研究导刊，2010（4）：123－128.

［52］左冰，李郇，保继刚.旅游国民收入及其初次分配格局研究——以湖南省为例［J］.旅游学刊，2007（1）：10－15.

［53］左冰.中国旅游产出乘数及就业乘数的初步测算［J］.云南财贸学院学报，2002（6）：30－34.

［54］Adams P. D. , Parmenter B. An applied general equilibrium analysis of the economic effects of tourism in a quite small, quite open economy. Applied Economics, 1995, 27 (10): 985 – 994.

[55] Alvarez – Albelo C D, Hernandez – Martin R. Specialization in luxury goods, productivity gaps and the rapid growth of small tourism countries [J]. 2009, 15 (3): 567 – 589.

[56] Bardhan P. External Economies, Economic Development, and the Theory of Protection. Oxford Economic Papers, 1964, 16 (1): 40 – 54.

[57] Bardhan P., Lewis S. Models of Growth with Imported Inputs. Economica, 1970, 37 (148): 373 – 385.

[58] Bianchi R. Towards a new political economy of global tourism. Sharpley R., Telfer D. J. eds. Tourism and Development: Concepts and Issues. Clevedon: Channel View Publications, 2002.

[59] Blake A., Arbache J. S., Sinclair M. T. et al. Tourism and poverty relief. Annals of Tourism Research, 2008, 35 (1): 107 – 126.

[60] Blake A., Durbarry R., Eugenio – Martin J. L. et al. Integrating forecasting and CGE models: The case of tourism in Scotland. Tourism Management, 2006, 27 (2): 292 – 305.

[61] Blake A., Sinclair M. T., Soria J. A. C. Tourism productivity – Evidence from the United kingdom., 2006, 33 (4): 1099 – 1120.

[62] Bramwell B., Lane B. Sustainable tourism: an evolving global approach. Journal of Sustainable Tourism, 1993, 1 (1): 1 – 5.

[63] Brinkman R. Economic Growth versus Economic Development: Toward a Conceptual Clarification. Journal of Economic Issues, 1995, 29 (4): 1171 – 1188.

[64] Brittion S. G. Tourism in small developing countries development issues and research needs. Brittion S., Clark W. C. eds. Ambiguous Alternative Tourism in Small Developing Countries. Suva: University of The south Pacific, 1987.

[65] Britton S. G. International Tourism and multinational corporations in the Pacific: the case of Fiji. Taylor M., Thrift N. eds. The Geography of Multination-

als. London: Croom Helm, 1980.

[66] Britton S. G. The evolution of a colonial space-economy: the case of Fiji. Journal of Historical Geography, 1980, 6 (3): 251 –274.

[67] Britton S. G. The political economy of tourism in the third world. Annals of Tourism Research, 1982, 9 (3): 331 –358.

[68] Britton S. G. Tourism and underdevelopment in Fiji. Ganberra: Australian National University, 1982.

[69] Britton S. G. Tourism, dependency and development: a model of analysis. Yiorgos A., Stella L., Andrew Y. eds. The sociology of tourism: theoretical and empirical investigations, 1996.

[70] Brohman J. New directions in tourism for third world development. Annals of Tourism Research, 1996, 23 (1): 48 –70.

[71] Bryden J. M. Tourism and development: A case study of commonwealth Caribbean. London: Cambridge University Press, 1973.

[72] Butler R. W. Tourism-an evolutionary perspective. Nelson J. G., Butler R. W., Wall G. eds. Tourism and Sustainable Development: Monitoring, Planning, Managing. Waterloo: University of Waterloo, Department of Geography, 1993.

[73] Casado – Diaz M. A. Socio-demographic impacts of residential tourism: a case study of Torrevieja, Spain. International Journal of Tourism Research, 1999, 1 (4): 223 –237.

[74] Chao C., Hazari B. R., Laffargue J. et al. Tourism, Dutch Disease And Welfare In An Open Dynamic Economy. Japanese Economic Review, 2006, 57 (4): 501 –515.

[75] Chen H. theory-driven evaluations. newbury park, CA: Sage, 1990.

[76] Chen K. H., Yang H. Y. Appraising the Economic Impact of the "Opening up to Mainland Chinese Tourist Arrivals" Policy on Taiwan with a Tourism – CGE Model. Asia Pacific Journal of Tourism Research, 2010, 15: 155 –175.

[77] Chu Y. W. Informal work in Hong Kong. International Journal of Urban and Regional Research, 1992, 16 (3): 420 –441.

［78］Copeland B. R. Tourism, Welfare and De-industrialization in a Small Open Economy. Economica, 1991, 58 (232): 515 – 529.

［79］Corden W. M. Booming Sector and Dutch Disease Economics: Survey and Consolidation. Oxford Economic Papers, 1984, 36 (3): 359 – 380.

［80］Corden W. M. , Neary J. P. Booming Sector and De-industrialisation in a Small Open Economy. Economic Journal, 1982, 92 (12): 825 – 848.

［81］Cowan R. A. Tourism Development In A Mexican Coastal Community. Ph. D. dissertation. Southern Methodist University, 401. 1987.

［82］Crick M. Representations of international tourism in the social sciences: sun, sex, sights, savings and servility. Annual review of Anthropology, 1989, 18: 307 – 344.

［83］Cukier J. Tourism employment in Bali: trends and implications. Butler R. , Hinch T. eds. Tourism and Indigenous Peoples. London: International Thomson Press, 1996.

［84］Cukier J. , Wall G. Informal tourism employment: vendors in Bali, Indonesia. Tourism Management, 1994, 15 (6): 464 – 467.

［85］Dahles H. eds. Tourism, Small Entrepreneurs, and Sustainable Tourism. Cases from Developing Countries. Tilburg: ATLAS, 1997.

［86］Dahles H. Tourism, government policy, and petty entrepreneurs in Indonesia. South East Asia Research, 1998, 6 (1): 73 – 98.

［87］Dahles H. Tourism, small enterprises and community development. Richards G. , Hall D. eds. Tourism and Sustainable Community Development. London: Routledge, 2002.

［88］Dai S. , Xu H. , Scott N. et al. Distortions in Tourism Development in the Dali Autonomous Region, China. Asia Pacific Journal of Tourism Research, 2011: 1 – 18.

［89］Davies R. Informal sector or subordinate mode of production? Bromley R. , Gerry. C. eds. Causal Work and poverty in Third World Cities. Chichester: John Wiley and Sons, 1979.

［90］ Davis D. Development and the Tourist Industry in Third World Countries. Society and Leisure, 1978, 1 (2): 301 – 322.

［91］ Decaluwe B. , Martens A. CGE Modeling and Developing Economics: A concise Empirical Survey of 73 Applications to 26 Countries. Journal of Policy Modeling, 1988, 10 (4): 529 – 568.

［92］ Dervis K. , Melo J. D. , Robinson S. General equilibrium models for development policy: A World Bank Research Publication. Cambridge: Cambridge University Press, 1982.

［93］ Dieke P. U. C. Policies for tourism development in Kenya. Annals of Tourism Research, 1991, 18 (2): 269 – 294.

［94］ Dixon P. B. , Parmenter B. R. , Sutton J. et al. ORANI: a multisectoral model of the australian economy. New york: elsevier science publishing company, 1997.

［95］ DNH. Tourism: Competing with the Best, 3D People Working in Tourism and Hospitality Department of National Heritage: London, 1996.

［96］ Emran M. S. , Forhad S. Marketing externalities and market development: The World Bank, 2002.

［97］ Fleming, J. M. External Economies and the Doctrine of Balanced Growth. Economic Journal, 1955, 65: 241 – 256.

［98］ Forsyth, P. J. , Kay, J. A. The Economic Implications of North Sea Oil Revenues. Fiscal Studies, 1980, 1 (7): 1 – 28.

［99］ Forsyth, P. J. , Nicholas, S. J. The Decline of Spanish Industry and the Price Revolution: A Neoclassical Analysis. Journal of European Economic History, 1983, 12: 601 – 609.

［100］ Forsyth P. Martin Kunz Memorial Lecture. Tourism benefits and aviation policy, 2006, 12 (1): 3 – 13.

［101］ Francisco R. A. The political impact of tourism dependence in Latin America. Annals of Tourism Research, 1983, 10 (3): 363 – 376.

［102］ Giaoutzi M. , Nijkamp P. eds. Tourism and regional development:

new pathways. England: Ashgate Publishing, 2006.

[103] Gooroochurn N. , Milner C. Assessing Indirect Tax Reform in a Tourism – Dependent Developing Country. World Development, 2005, 33 (7): 1183 – 1200.

[104] Gooroochurn N. , Sinclair M. T. Economics of tourism taxation – Evidence from Mauritius, 2005, 32 (2): 478 – 498.

[105] Gormsen E. The spatio-temporal development of international tourism: attampt at a centre-periphery model. Aix-en – Provence: CHET, 1981.

[106] Hall D. R. Tourism development and sustainability issues in Central and South – Eastern Europe. Tourism Management, 1998, 19 (5): 423 – 431.

[107] Harris J. E. , Nelson J. G. Monitoring Tourism from a Whole Economy Perspective: A Case from Indonesia. Nelson J. G. , Butler R. W. , Wall G. eds. Tourism and Sustainable Development: Monitoring, Planning, Managing. Waterloo: University of Waterloo, Department of Geography, 1993.

[108] Hayami Y. , Godo Y. Development Economics: From the Poverty to the Wealth of Nations. Oxford: Oxford University Press, 2009.

[109] Helpman E. International trade in the presence of product differentiation, economies of scale and monopolistic competition: A Chamberlin – Heckscher – Ohlin approach. Journal of International Economics, 1981, 11 (3): 305 – 340.

[110] Hertel T. W. eds. Global Trade Analysis: Modelling and Applications. Cambridge: Cambridge University Press, 1997.

[111] Hills T. L. , Lundgren J. The impact of tourism in the Caribbean: A methodological study. Annals of Tourism Research, 1977, 4 (5): 248 – 267.

[112] Hitchcock M. , Putra N. D. Tourism development and terrism in bali. Cornwal: MPG Books Ltd, 2007.

[113] Hjalager A. M. A review of innovation research in tourism, 2010, 31 (1): 1 – 12.

[114] Hoivik T. , Heiberg T. Centre-periphery tourism and self-reliance. International Social Science Journal, 1980, 32 (1): 69 – 98.

［115］ Hope K. R. The subterranean economy in developing societies: Evidence from Latin Amerca and the Caribbean. Journal of Development Studies, 1993, 9: 156 – 166.

［116］ Horridge, M. (2005). ORANI – G: A generic single-country computable general equilibrium model. Edition prepared for the Practical GE Modelling Course, February 7 – 11, 2005. Centre of Policy Studies and Impact Project, Monash University, Australia.

［117］ HTF, research report 1996: catering and hospitability industry-key facts and figures. Hospitality training foundation: London, 1996.

［118］ Hunziker W. , Krapf K. Grundriss der Allgemeinen Fremdenverkehrslehre. Zurich: Polygraphischer, 1942.

［119］ ILO. Employment, Income an Equity: A strategy for increasing Productive employment in Kenya ［EB/OL］. Geneva: 1972.

［120］ ILO. World Employment Report ［EB/OL］. Geneva: 1998.

［121］ Jafari J. Research and Scholarship: The Basis of Tourism Education. Journal ofTourism Studies, 1990, 1 (1): 33 – 41.

［122］ Kirk J. L. , Miller M. Reliability and Validity in Qualitative Research. Beverly Hills, CA: Sage, 1986.

［123］ Kirkpatrick. C. Trade Policy and industrialization in LDCs. Gemmell N. eds. Surveys in Development Economics. Oxford: Blackwell, 1988.

［124］ Krugman P. Development, Geography, and Economic Theory. Massachusetts: The MIT Press, 1997.

［125］ Kucerov J. , Makovnik T. Regional Tourism Policy In Slovakia. E + M Ekonomie Management, 2009 (1): 6.

［126］ Kuznet S. Economic growth and income inequality. American Economic Review, 1955, 1: 1 – 28.

［127］ Lash S. , Urry J. The End of Organized Capitalism. Cambridge: Polity Press, 1987.

［128］ Lea J. Tourism and Development in the Third World. London: Routledge，1988.

[129] Lee C. , Chang C. Tourism development and economic growth: A closer look at panels. Tourism Management，2008，29（1）: 180 – 192.

[130] Lee C K，Moon S，Mjelde J W. Disentangling the effects on the Korean economy of the 9 – 11 terrorist attacks from the short-run effects of hosting the 2002 World Cup, using the CGE model ［J］. Tourism Economics，2010，16（3）: 611 – 628.

[131] Leheny D. A political economy of Asian sex tourism. Annals of Tourism Research，1995，22（2）: 367 – 384.

[132] Lewis W. A. Economic Development with Unlimited Supplies of Labor. Manchester School of Economics and Social Studies，1954，22（2）: 139 – 191.

[133] Löfgren，H. , Harris，L. R. , & Robinson，S. （2001，May）. A standard computable general equilibrium （CGE） model in GAMS. Trade and Macroeconomics Division，International Food Policy Research Institute.

[134] Li S. N. , Blake A. , Cooper C. China's tourism in a global financial crisis: a computable general equilibrium approach. , 2010，13（5）: 435 – 453.

[135] Li S. N. , Blake A. , Cooper C. Modelling the economic impact of international tourism on the Chinese economy: a CGE analysis of the Beijing 2008 Olympics，2011，17（2）: 279 – 303.

[136] Li S. , Tsui Y. A general equilibrium approach to tourism and welfare: The case of Macao. Habitat International，2009，33（4）: 419 – 424.

[137] Long V. , Wall G. Small – Scale Tourism Development in Bali. Conlin M. V. , Baum T. eds. Island Tourism: Management Principles and Practice. Chichester: Wiley，1995.

[138] Lundgren J. O. , Hall C. M. The tourism space penetration processes in northern Canada and Scandinavia: a comparison. Hall C. M. , Johnston M. E. eds. Polar tourism: tourism in the Arctic and Antarctic regions. UK: John Wiley & Sons，1995.

［139］ Lundgren J. O. J. Tourist impact/island entrepreneurship in the caribean. Mathieson A. , Wall G. eds. Tourism: Economic, Physical and social impacts. London: Longman, 1982.

［140］ Lundgren J. The modern plantation in the Third World. Journal of Rural Studies, 1986, 2 (2): 167 – 169.

［141］ Macias. J. B. , Cazzavillan. G. The dynamics of parallel economies. Measuring the informal sector in Mexico. Research in Economics, 2009, 63 (3): 189 – 199.

［142］ Maddock, R. , Mclean, I. Supply Side Shocks: The Case of Australian Gold. Forthcoming in Journal of Economic History, 1983.

［143］ Matthews H. G. Radicals and third world tourism: A caribbean focus. Annals of Tourism Research, 1977, 5 (1): 20 – 29.

［144］ McKercher B. Some fundamental truths about tourism: understanding tourism's social and environmental impacts. Journal of Sustainable Tourism, 1993, 1 (1): 6 – 16.

［145］ Merton, R. K. , Fiske, M. , Kendall, P. L. The focused interview: A manual of problems and procedures. Glencoe: Free Press, 1956.

［146］ Mignon, C. La Costa del sol et son arriere pays, tourisme et Developpment Regional en Andalousie, 3rd part. Paris: Editions de Boccard, 1979: 69 – 72.

［147］ Mihalic T. Tourism and Economic Development Issues ［A］. Sharply R. . , Telfer D. J. eds. Tourism and Development ［M］. Clevedon: Channel View. 2002.

［148］ Milne S. , Ateljevic I. Tourism, economic development and the global-local nexus: Theory embracing complexity. Tourism Geographies, 2001, 3 (4).

［149］ Momsen J. Gender and Development. London: Routledge, 2004.

［150］ Mowforth M. Tourism and sustainability: Development, globalisation and new tourism in the third world, 2008.

［151］ Mullins P. Tourism urbanization. International Journal of Urban and regional research, 1991, 15 (3): 326 – 342.

[152] Myint H. Economic Theory and the Underdeveloped Countries. Journal of Political Economy, 1965, 73 (5): 477 – 491.

[153] Myint H. The "Classical Theory" of International Trade and the Underdeveloped Countries. The Economic Journal, 1958, 68 (270): 317 – 337.

[154] Myrdal G. Economic Theory and Underdeveloped Regions. London, 1957.

[155] Narayan P. K. Economic impact of tourism on Fiji's economy: empirical evidence from the computable general equilibrium model. Tourism Economics, 2004, 10 (4): 419 – 433.

[156] Nowak J. , Sahli M. Coastal tourism and 'Dutch disease' in a small island economy. Tourism Economics, 2007, 13 (1): 49 – 65.

[157] Oppermann M. Tourism Space in developing countries. Annals of Tourism Research, 1993, 20 (3): 535 – 556.

[158] Page S. J. , Forer P. , Lawton G. R. Small business development and tourism: Terra incognita? Tourism Management, 1999, 20 (4): 435 – 459.

[159] Pambudi D. , McCaughey N. , Smyth R. Computable general equilibrium estimates of the impact of the Bali bombing on the Indonesian economy. Tourism Management, 2009, 30 (2): 232 – 239.

[160] Pearce D. G. Tourism and the European Regional Development Fund: The First Fourteen Years. Journal of Travel Research, 1992, 30 (3): 44.

[161] Peters M. International TourismLondon: Hutchison, 1969.

[162] Pupphavesa W. , Panpiemras J. , Anuchitworawong C. Pro – Poor Tourism Development in Thailand. DAN D. A. N. eds. Pro – Poor Tourism in the Greater Mekong Sub – Region. : Rockefeller Foundation, 2007.

[163] Robert E. , Jr L. On the mechanics of Economic Development. Journal of Monetery Economics, 1988.

[164] Romer P. increasing returns and long run Growth. Journal of Political Economics, 1986.

[165] Romer P. M. Growth Based on Increasing Returns Due to Specializa-

tion. The American Economic Review, 1987, 77 (2): 56 – 62.

[166] Rosenstein – Rodan, P. Problems of industrialization of Eastern and Southeastern Europe. Economic Journal, 1943, 53: 202 – 211.

[167] Rutherford T. F. The GAMS/MPSGE and GAMS/MILES user notes. Washington: GAMS Development Corporation. , 1994.

[168] Saarinen J. The regional economics of tourism in Northern Finland: the socio-economic implications of recent tourism development and future possibilities for regional development. Scandinavian Journal of Hospitality and Tourism, 2003, 3 (2): 91 – 113.

[169] Saayman M. , Saayman A. Regional development and national parks in South Africa: lessons learned. Tourism Economics, 2010, 16 (4): 1037.

[170] Schubert S. E. , Brida J. G. Dynamic effects of subsidizing the tourism sector. Tourism Economics, 2008, 14: 57 – 80.

[171] Schubert S. F. , Brida J. G. Macroeconomic effects of changes in tourism demand: a simple dynamic model. Tourism Economics, 2009, 15: 591 – 613.

[172] Sharply R. , Telfer D. J. Tourism and Development: Concepts and Issues. Clevedon: Channel view Publication, 2002.

[173] Shaw G. Entrepreneurial cultures and small business enterprises in tourism. Lew A. A. , Hall C. M. , William A. M. eds. A companion to tourism. Oxford: blackwell publishing Ltd, 2004.

[174] Shaw G. , Williams A. M. Critical issues in tourism: A geographical perspective. 2nd Edition. Massachusetts: Blackwell publishers, 2002.

[175] Shaw G. , Williams A. M. eds. Western European tourism in perspective. Tourism and economic development: European experiences: John Wiley & Sons, 1998.

[176] Sheng L. Specialisation versus diversification: A simple model for tourist cities, Tourism Management, 2011b, 32: 1229 – 1231.

[177] Sheng L. Taxing tourism and subsidizing non-tourism: A welfare-enhancing solution to "Dutch disease"? Tourism Management, 2011a, 32 (5):

1223 – 1228.

[178] Sheng L. , Tsui Y. M. A general equilibrium approach to tourism and welfare: The case of Macao. Habitat International, 2009b, 33: 419 – 424.

[179] Sheng L. , Tsui Y. M. Taxing tourism: enhancing or reducing welfare?, 2009a, 17 (5): 627 – 635.

[180] Shivji I. G. Touirism and socialist Development. Dar Es Salam: Tanzania Publishing House, 1975.

[181] Sinclair M. T. Tourism and economic development: A survey. Journal of Development Studies, 1998, 34 (5): 1 – 51.

[182] Smeral E. Economic models. Witt S. , Moutinho L. eds. Tourism maketing and Management Handbook. New York: Prentice Hall, 1994.

[183] Smith R. A. beach resorts: a model of development evolution. landscape and urban planning, 1991 (21): 189 – 210.

[184] Smith V. , Eadington W. Tourism Alternatives: Potentials and Problems in the Development of Tourism. Philadelphia: University of Pennsylvania Press, 1992.

[185] Smyth R. , et al. Computable general equilibrium estimates of the impact of the Bali bombing on the Indonesian economy. Tourism Management, 2009, 30: 232 – 239.

[186] Sofield T. H. B. Indigenous tourism development. Annals of Tourism Research, 1993, 20 (4): 729 – 750.

[187] Streeten P. Trade strategies for development: some themes for the seventies. World Development, 1973, 1: 1 – 10.

[188] Telfer. D. J. , Wall. G. L inkages b etween tourism and food production. Annals of Tou rism Research, 1996, 23 (3): 635 – 653.

[189] Todaro P. M. Economic Development. 9th edition. London: longman press, 2006.

[190] Wagner J. Estimating the economic impacts of tourism. Annals of Tourism Research, 1997, 24 (3): 592 – 608.

［191］Wahnschafft R. Formal and informal tourism sectors: A case study in Pattaya, Thailand. Annals of Tourism Research, 1982, 9 (3): 429 - 451.

［192］Wall G. , Mathieson A. Tourism Change, Impacts and Opportunities. Toronto: Pearson Prentice Hall, 2006.

［193］Wall G. Tourism: Economic, Physical and social impacts. London: Longman, 1982.

［194］Walrus L. Elements of Pure Economics: Or, the Theory of Social Wealth. London: Routledge, 1958.

［195］Wanhill S. Small and medium tourism enterprises. Annals of Tourism Research, 2000, 27 (1): 132 - 147.

［196］Watkins M. H. A Staple Theory of Economic Growth. The Canadian Journal of Economics and Political Science / Revue canadienne d'Economique et de Science politique, 1963, 29 (2): 141 - 158.

［197］Wattanakuljarus A. , Coxhead I. Is tourism-based development good for the poor?: A general equilibrium analysis for Thailand. Journal of Policy Modeling, 2008, 30 (6): 929 - 955.

［198］Wattanakuljarus A. , Coxhead I. Is tourism-based development good for the poor? A general equilibrium analysis for Thailand. Journal of Policy Modeling, 2008, 30: 929 - 955.

［199］Weaver D. , Oppermann M. Tourism Management. Brisbane: John Wiley and Sons, 2000.

［200］West G. , Gamage A. Macro effects of tourism in Victoria: A nonlinear input-output approach. Journal of Travel Research, 2001, 40 (1): 101 - 109.

［201］Wilkinson P. F. Touirsm policy and Planning: Case studies from the commonwealth Caribbean. New York: Cognizant, 1997.

［202］Williams A. M. , Shaw G. , Greenwood J. From tourist to tourism entrepreneur, from consumption to production: evidence from Cornwall, england. Environment and planning, 1989, A (21): 1639 - 1653.

［203］ Williams M. T. The impact of tourism development on the indigenous island economy of Minorca（Spain）: 1965 - 1988. Ph. D. dissertation. University of Kentucky, 297. 1991.

［204］ Williams S. Tourism Geography. London: Routledge, 1998.

［205］ Yin R. K. Case Study Research: Design and Methods. London: Sage, 1994.

［206］ Young A. The tyranny of numbers: Confronting the statistical realities of the east asian growth experience. Quarterly journal of economics, 1995

［207］ Yuksel F. , Bramwell B. , Yuksel A. Centralized and decentralized tourism governance in Turkey. Annals of Tourism Research, 2005, 32 (4): 859 - 886.

# 后　记

在进入旅游学院之前，我完全没想到我会变成传说中的女博士。到今天，蓦然回首，往事像一串串晶莹剔透的水珠，在阳光中散发着五彩的光芒。我很感激，我拥有这段窝心的时光。正是陪我度过这段时光的这些人，让我的时光变成了璀璨的玛瑙。感谢陪我一起度过这段美好时光的老师、同学、家人以及所有关心帮助过我的人。

首先，我要特别感谢徐红罡教授让我在旅游学院的六年如彩虹般绚烂。我最初对于旅游学院的向往完全是出于对于自然观光旅游的喜爱，而对于旅游的喜爱从本质上来讲，源于我无限的好奇心。我对很多的事情总是会充满了好奇，徐老师深厚的学术积淀、渊博的知识积累、睿智的思维逻辑让我的好奇心不断地被满足，使这六年变成了一次不断充满新鲜感和惊喜的猎奇之旅。在这个过程中，我从一心只热爱阳光与自然转向像思考"景色是如何变幻"一样来思考这个社会的发展过程。从心灵上来讲，这是比单纯的欣赏美景更让人着迷的一件事情。

感谢徐老师一直以来孜孜不倦的教诲。在开始的两年里，我并不知道发展经济学是一个什么样的东西，只是觉得那些东西很奇怪，但是徐老师每个星期都会抽出一些时间来为我认真讲解，这是一段很难忘的时光。最初的我完全不懂得除了数字之外的意义，但之后对社会上发生的事情越来越好奇，在和徐老师一起调研的过程中，我经常会坐在徐老师的旁边，听徐老师畅谈各种事情的因果与轮回，听得我精疲力竭但是如痴如醉，虽然事后总觉得很对不起老师，因为老师肯定比我更累，但我总会禁不住不断追问。直到现在，我依然非常期待和徐老师的讨论，每一次的讨论都是一次心的旅程。如今虽然徐老师越来越忙，但是只要她能够抽出时间，依然每周都举行一次例行的聚会。

感谢徐老师给我提供了很多学习的机会。让我去德国交流，实现了环游欧洲的梦想，接触了大量新鲜的知识；让我认识了 Noel Scott，了解了什么是国际上的旅游学术研究；让我有机会和 Andrew Eaglen 一起做调研，大大提高了我的实证研究水平和英语水平；让我在海南调研期间给 Geoffrey Wall 做翻译，了解到很多国际上的旅游发展过程，认识了风趣的李兰海老师，学习系统动力学建模；让我参加学术会议和培训，不断培养我的逻辑思维和学术能力，人际接触面也不断广阔。正是这些机会，令这六年的风景不断变幻，吸引着我一步一步向前走。比较惭愧的是，徐老师倾注了这么多的心血，提供了这么多的机会，而我暂时无以回报。

感谢保继刚院长给予了我快乐的七年，保老师让我觉得旅游学院是一个温暖的大家庭、从事旅游行业是一件幸福的事情，让我无怨无悔地转专业到旅游学院。感谢保老师最初接纳我免试进入旅游学院，以我当时偏科的状况，如果让我去考研，我很难有十足的把握可以考上。与保老师接触主要来自于旅游地理学的课程，以及我在研究生时期所参加的两个规划项目。从中我获取了做旅游研究和旅游规划最为基本的理论与常识，为之后的学习生涯打下了基础。感谢保老师为我们提供了一个不断发展的平台。我觉得旅游学院就像是一棵不断成长的树，各位老师是这棵树上的枝干，学生是枝干上分出的枝丫，而保老师就是这棵树的主干。保老师为旅游学院的发展做了很多很多我们不知道的事情，就像是树的主干不断地往地下扎根，为的是不断向枝干和枝丫输送养分。我们看不到树的根，然而却是这些不断向地下蔓延的根才让树可以茁壮成长。

感谢旅游学院的其他老师。感谢孙九霞教授，是孙老师让我开始了解旅游发展中旅游与社区的关系，了解定性研究的方法，才最后形成了我的博士论文。我一直非常佩服孙老师，做社区研究可以引领一股社区研究的潮流，让学术形成"圈"。感谢张朝枝教授，张老师是我在中心见面最多的老师，张老师总是很随和，所以并不觉得隔阂，时常没大没小地叫枝哥，像自己家人一样，也会聊起自己的事情，枝哥总是会给出实用的建议，经常用十分通俗的语言让我们深入地了解业界。感谢彭青教授，是彭老师让我开始了解旅游业界，和蔼可亲的彭老师总是对我们关怀备至，我总觉得彭老师和我的外婆年轻时很像，很亲切。感谢罗秋菊教授对我们日常生活的照顾，像空调坏了、没开窗户等小事，罗老师也一一替我们张罗。感谢朱竑教授，和朱老师虽交流不多，但在写博士论文的初期，我是一边翻着朱老师的文章，一边开始下笔写我的论文，虽然现在我的文笔还是很差，但是是朱老师的文章让我觉得写作并不是一件很难的事情，现在很后悔研究生时期没去听朱老师的课。感谢左冰师姐，师姐丰富的旅游经济影响研究经验，让我在研究过程中少走了很多的弯路，正是在左冰师姐的研究基础上，我才能做出现在的成果。感谢赖姐的爽朗笑容，让我在空旷的办公室里不觉得孤单。感谢杨云老师经常给我鼓励，感谢张骁鸣老师对我论文参考文献的贡献，感谢李军老师对我的定量研究的指导，感谢王彩萍老师在生活上的关怀，很喜欢和马凌师姐相处时的如玉般温润。感谢陈奕滨师兄在我云南调研的过程中介绍了高尔夫业的高层人士与我做访谈，让我接触到高尔夫行业。

感谢旅游学院的师兄师姐们。首先要感谢杨彦峰师兄，我是在 2005 年一次偶然的际遇中认识了杨彦峰，在他的介绍下知道了旅游学院，认识了徐老师和保老师，才有了这段温暖的时光。进入学院之后师兄对我也十分照顾，对于师兄而言，我只是学院小小的一员，但是对当时的我而言，他是我在中心最熟悉的人，这种感激无以言表。感谢林清清师姐和丁绍莲师姐，我的访谈技巧大多来自于和师姐们一同调研和旅行的过程中，如最初的永定土楼行，和丁绍莲师姐的韶关之行，和林清清师姐一起乘火车去云南途中，师姐对我访谈方法的纠正等，正是这些悉心引导让我这个学数学出身的明白了该怎样通过访谈获取信息，清清师姐和丁丁师姐一直以来对我生活上的照顾和关怀，同样让我十分感激。感谢相争迎师兄、吴楚之师兄，这两个同门师兄带领着我一点点地熟悉旅游学院，并融入这个大家庭，我的第一篇论文相争迎师兄就给予了很多的帮助。感谢陈志钢和马晓龙师兄一直以来对我的认同和鼓励，小黑师兄亲切如手足，谁叫我们同样都黑呢，龙哥看起来玩世不恭，却洞悉世事，时不时的提点总是一语中的。感谢相怡娴师姐，最主要要感谢在德国时师姐的美食，她率直的性格感染着我，所以我直接将宿舍搬去了她的斜对面，总觉得她的宿舍比我的温暖。感谢周玲师姐，我刚到旅游学院的时候其实很怕周玲师姐，因为师姐经常"黑着脸"（可能是因为写博士论文的缘故），后来接触多了，才发现周玲师姐为人十分细心，而且很能站在他人的角度想问题，阳朔会议上的关切我一直铭记于心。还要感谢李鹏这位元老级的师兄兼老乡的照顾。感谢车震宇师兄在我云南调研时的帮助。

感谢旅游学院所有的兄弟姐妹们。感谢朱峰师姐，峰姐那众所周知的豪爽和风趣总是让人惦记，而在写博士论文期间，峰姐的叮嘱和指导，让我觉得不是孤单的，像种寄托，或者是依靠，是焦虑时的一种慰藉。感谢李晓莉师姐和孟威师兄这段时间的扶持和帮助，正是有了这么多人一起奋斗，才度过了这段煎熬的博士论文旅程。感谢翁时秀和曾丽这两位活动的组织者以及中心的饭友兼水友们：梁增贤、陈钢华、尹寿兵、罗芬、王亚娟、靳文敏、陆依依、苏静、陈霄、史甜甜。是你们使学院的气氛日益浓厚，经常可以看到大家的笑脸，听到欢声笑语才觉得时间没有虚度。特别感谢万惠对我论文写作的指导，以及翁时秀、陈钢华一直以来的帮助。

感谢我的同门们。范晓君说话温声细语，急性子的我开始的时候很不能接受，但后来，我开始喜欢上她的语调，晃晃悠悠，有一种掉入了慢生活中的味道，可惜和她相处的时间不长。感谢崔庆明、孙晓霞为我的论文校稿。感谢蒋运华陪同我进行论文调研。感谢吴悦芳，在云南调研期间一直支持我，促进我学习与进步。感谢唐周媛为我辛苦地搜集资料和数据。感谢何然和崔芳芳，让我更多地了解社会。感谢王利伟和我分享在北大的学习和生活。感谢所有的同门们：黄力远、张机、薛循、崔庆明、黄家玲、唐周媛、张倩帆、刘畅、马少吟，一直听我讲那些无趣的PPT。

感谢我硕士的同级同学，怀念当时和周丹、张科、郑丹妮、陈菲、李杰、王永海七人行的美好时光。感谢周丹、陈菲、李杰、王永海、庞嘉文陪我度过了德国的旅程。

感谢所有促我进步的老师。感谢中科院幽默风趣的李兰海老师指导我系统动力学建模和英文写作。感谢工学院的李军老师指导我期刊论文写作。感谢工学院富明慧老师夫妇对我学习和生活的关爱。感谢中国科学院农业政策研究中心的杨军研究员和国家信息中心刘宇副研究员指导我一般均衡模型建模。感谢澳门理工学院的王五一教授为我耐心的讲解经济学理论。感谢澳门科技大学的盛力教授让我深入地了解一般均衡理论。

感谢在海南调研期间所有帮助过我的人。特别感谢海南省生态办的金羽处长，海南省环境科学研究院的岳平院长。感谢三亚市田独镇国土所张晓光所长，感谢文昌市东郊镇国土所郑敏所长，感谢三亚市田独镇和文昌市东郊镇的众多村镇干部、学者、旅游企业和旅游相关企业管理者、从业人员与本地居民，对我论文调研工作的大力支持，没有你们的帮助，我的论文调研工作很难顺利完成，你们的赤诚相待，我至今想起依然感激不已。

感谢我的家人。感谢我的父母，养育女儿26年，女儿一直无以回报。感谢我的爸爸，一直将我们称做"甜蜜的负担"，永远都要做我们"坚强的后盾"，任何时候，只要我们需要，他就是我们"温暖的港湾"。感谢我的妈妈，一辈子兢兢业业的工作，无怨无悔的付出，只为了看到我们的成长，虽然外表柔弱，但坚韧的内心永远是我们学习的榜样。感谢妹妹对我博士论文的校稿，以及一直以来的陪伴，带给我无数欢乐。感谢我先生蓝林华的理解、支持和鼓励，让我安静的生活与写作。感谢生活让我可以读博士，因此可以经常陪伴在家人的身边，尽享天伦之乐。

感谢所有带给我美好时光的人，希望将所有的美好和大家共同分享。

代姗姗

于康乐园

2011 年 12 月 1 日